REGINE ZWEIFEL
FELIX BURANDT

66XKREFELD

Über die Autoren

Regine Zweifel wurde in Hüls geboren und ist am Inrath aufgewachsen: „Volksschule 13" (Pestalozzi - Schule), Kurzschuljahre, Marienschule, Turnhalle, Reitverein, UdU, Fontanella, „Pferdestall", „Saloon", 600-Jahr-Feier, Bush-Besuch,...

Sie arbeitet als Dolmetscherin. Außerdem bietet sie Führungen durch Paris an und hat bereits zwei Bücher über die Stadt an der Seine geschrieben. Krefelderin ist sie mit Leib und Seele und großer Liebe zu ihrer Heimatstadt. Daher dieses Buch.

Felix Burandt wurde in Krefeld geboren und ist in Linn groß geworden: Johansenschule, Handball in Oppum, Fabritianum in Uerdingen, Ausbildung in Fischeln (Mechatroniker), Mountainbiken am Inrather-Berg, Entspannen am Rhein, Fotos - überall!

Er arbeitet in einer Digitaldruckerei. Als Hobbyfotograf ist es seine erste Veröffentlichung und der erste Schritt in die Richtung, die sein Leben bestimmen soll - die Fotografie. Und fotografieren lässt es sich super in Krefeld.

66 x KREFELD

ORTE. MENSCHEN. BÄUME.

REGINE ZWEIFEL
FELIX BURANDT

1. Auflage März 2013

Umschlagkonzept und –fotos: Felix Burandt
Satz und Gestaltung: Felix Burandt

Lektorat: Michael Beser
Druck und Bindung: Stünings Medien GmbH
Printed in Germany: ISBN 978-3-00-041276-9

Für Gabriele Konrad (1961-1967), meine Schwester

Für Fred-Thomas Burandt (1964-2012), meinen Papa

Ihr bleibt.

INHALT

VORWORT

Krefeld ist mit Kette und Schuss auf Samt und Seide gebaut und hatte beim Alten Fritz einen Stein im Brett, ist die Geburtsstadt von Josef Beuys und wurde zeitweise von einem späteren Friedensnobelpreisträger verwaltet. Zur vorletzten Jahrhundertwende zählte Krefeld zu den wohlhabendsten Städten des Kaiserreichs, wurde wegen seiner unzähligen, vielfach weiß gestrichenen Jugendstilfassaden „Zentrum des deutschen Jugendstils“ oder auch „weiße Stadt“ genannt. Gustav Mahler dirigierte 1902 im Krefelder Theater die Uraufführung seiner 3. Sinfonie. Ludwig Mies van der Rohe baute Ende der 1920er Jahre zwei futuristisch-eckige Wohnhäuser an die Wilhelmshofallee und setzte mit seinem weltweit einzigen Industriegebäude einen kantigen Akzent an die Girmesgath. Krefelder Altbier schipperte auch schon mal unter CIA-Beobachtung über den großen Teich.

Das Krefelder Kaiser-Wilhelm Museum bietet Monet und Rodin, Kandinsky, Mondrian, selbstverständlich Beuys, Tinguely, Oldenburg, Warhol und Gerhard Richter. Daneben lädt auch die Kirche Pax Christi zur Begegnung mit bedeutenden Werken renommierter Künstler, darunter Günther Uecker. 1373 wurde das Dorf „Crefeld“ zur Stadt erhoben, seine Geschichte lässt sich jedoch fast 3000 Jahre zurückverfolgen: Römer, Merowinger, Oranier, Preußen – auch Napoleon schaute kurz vorbei. Nach einem Bombenangriff Ende Juni 1943 brannte Krefeld tagelang und stieg von einer der wohlhabendsten zu einer der meistzerstörten deutschen Städte ab – mittlerweile ist es dank des traditionell hohen Anteils an Erholungsflächen in alten und neuen Parks, Feldern und Wäldern zumindest in den Kreis Deutschlands grünster Städte zurückgekehrt. Krefeld ist niederrheinisch gastfreundlich. Krefeld hat von allem ein bißchen und darum für jeden das Richtige, ist unprätentiös in der besten Bedeutung des Wortes: redlich, aufrecht, nicht eingebildet, genügsam, schlicht, unverwöhnt. Und schön.

1___ Das Adamsgässchen

Kurz und klein

Das Adamsgäßchen ist ein sehr kleiner Teil des Krefelder Straßennetzes und verbindet die Hülser mit der Inrather Straße. Offiziell gehört es zur niedrigsten Straßenkaste, „Erschließungsweg" genannt. Autos können nur die ersten paar Meter des kaum hundert Meter langen Hohlwegs von der Hülser Straße bis zu den Garagen nutzen. Fußgänger und Radfahrer können die Gasse durchgängig bereisen und schätzen sie als benutzerfreundliche Abkürzung. Zur Inrather Straße geht es leicht bergab, denn die Hülser Straße wurde einst als „Hohe Straße" angelegt, auf der Fußgänger und Gespanne trockenen Fußes durch die sumpfige Umgebung in die Stadt Krefeld gelangen konnten. (In der Verlängerung führt sie heute noch genau so als „Hochstraße" durch die Krefelder Innenstadt, weiter südlich als „Hohe Straße" durch Köln.)
Doch zurück zum schlichten Adamsgäßchen, das nach dem Krieg als Trampelpfad zwischen Schuttbergen entstand. War es tatsächlich purer Zufall, daß beim Wiederaufbau der Bebauung auf den Grundstücken direkt gegenüber der Bäckerei Hauser die zeitsparende Passage zur Inrather Straße frei blieb und zur Gasse erhoben wurde? Vielleicht, vielleicht auch nicht, Trampelpfade auf Stadtgebiet entstehen ja nicht nach Vorgaben von Stadtplanern, sondern nach Bedürfnissen der Bürger. Und als Inrather und Hülser Straße nach dem Krieg neu bebaut wurden, hatte sich das Adamsgäßchen bereits etabliert. Es durfte bleiben und als zeitsparende Abkürzung der Allgemeinheit weiterhin zur Verfügung stehen. Davon profitierte selbstverständlich auch die Bäckerei Hauser, denn die Abkürzung durch die Häuser direkt gegenüber der Bäckerei sparte beim Ausliefern von Brot und Brötchen viel Zeit. Und vielleicht konnte der Bäckermeister Hansheinz Hauser auch aufgrund dieser Zeitersparnis neben den Aufgaben in der Backstube die Geschicke der Stadt Krefeld als Oberbürgermeister prägend mitgestalten – wie bereits sein Vater vor ihm. „HHH" war der Stolz seiner Zunft, langjähriger Präsident der Handwerkskammer Düsseldorf, Mitglied des Nordrhein-Westfälischen Landtags, Mitglied des Deutschen Bundestags, stets rührig und zupackend, lebenslang ein Frühaufsteher. Er hat stets den direkten Weg vorgezogen, und der wird ihn manches Mal durchs Adamsgäßchen geführt haben.

Adresse: Hülser Str. 139; S-Bahn 044,Ⓗ:Moritzplatz

Tipp: Die sieben Fensterheiligen von Otto Lauterbach in den Seitenschiffen von St. Anna.

2___ Der Alexanderplatz

Eines Königs würdig

Ein einziges Denkmal, der ganze Alexanderplatz: achtzehn denkmalgeschützte Fassaden aus der Zeit, in der das reiche Krefeld mit Recht „Zentrum des Jugendstils in Deutschland" genannt wurde, säumen ein gepflegtes Areal, das mit dem amtsdeutschen Wort „Grünfläche" nur dürftig umschrieben wird – dies gilt ganz besonders zur Zeit der Kirschbaumblüte. Das Gelände wurde der Stadt im neunzehnten Jahrhundert von Alexander Königs zur gefälligen Nutzung verehrt. Einzige Auflage: die Innenfläche durfte nicht bebaut werden.

Herr Königs gehörte zur Klasse der nichtadligen Barone. Der Titel, von Klassenkämpfern hämisch geprägt, verwandelte sich rasch ins Gegenteil, stieg vom Schimpfwort zur Auszeichnung auf und bedeutete schließlich soviel wie „Magnat", siehe Seidenbaron, Stahlbaron, Eisenbahnbaron... Alexander Königs war ein Vertreter der Abteilung „Ölbarone".

Öl in Krefeld – Fördertürme, Pumpen, Probebohrungen? Die in der Nähe des Alexanderplatzes gelegene Oelschlägerstraße gibt den entscheidenden Hinweis, denn Königs Vermögen gründete nicht auf Erd-, sondern auf Pflanzenöl. Er betrieb eine Ölmühle, produzierte Öl aus Raps, Rüben oder Saaten. Zur Gewinnung des Öls wurden die Pflanzen von Keilen durch Pressen geschlagen – sehr vereinfacht dargestellt.

Mit der Industrialisierung übernahmen einige wenige große die Arbeit der vielen kleinen Ölmühlen, auch in Krefeld. Als das Geschäft mit dem Öl nicht mehr genügend Gewinn abwarf, funktionierte der gewitzte Herr Königs die Mühle um, stellte die Räume als Gaststätte und Festsaal zur gern genutzten Verfügung und erhielt sich seinen Wohlstand, der letztlich den Grundstein zu dem nach ihm benannten Geviert legte.

Der Alexanderplatz liegt im so genannten „Bahnbezirk". Diese Lage wäre beim Umbau der Bahn im Jahr 1907 beinahe sein Tod gewesen, hätte sich nicht bereits 1898 eigens zur Platzrettung ein Bürgerverein gegründet, der das Schlimmste verhindern konnte. Die Querelen mit der Bahn sind lange vergessen – der trotz hohen Alters immer noch sehr betriebsame Bürgerverein „Bahnbezirk" hat sich längst einen Zug mit lachender Lokomotive zum Emblem erkoren.

Bus 058, Ⓗ: Gerberstraße, alle S-Bahnen, Ⓗ: Hauptbahnhof

Tipp: Der Blick über die benachbarte Garnstraße mit ihren vielen über hundertjährigen Häuserfassaden auf die Spitze von St. Dionysius.

3___ Die Alte Kirche

Version 5.0

Vor mehr als 800 Jahren hatten sich die Templer im Heiligen Land gerade frisch gegründet, herrschte Friedrich Barbarossa über das Heilige Römische Reich und in der Nähe von Paris entwuchs mit einer großen Basilika die Gotik ihren Kinderschuhen. Krefeld hieß „Crinvelde", besaß noch keine Stadtrechte und war von der Gotik so weit entfernt wie von Paris – das war damals weit. So wurde die Kapelle, die 1166 dort entstand, wo heute die Alte Kirche steht, noch im altertümlich-romanischen Stil errichtet. Das Baumaterial suchten sich die Handwerker kostenbewusst aus dem römischen Ruinenerbe am Niederrhein zusammen. Mit der berühmten gotischen Basilika, die gleichzeitig nördlich von Paris in den Himmel wuchs, verband das kleine Krefelder Gotteshaus immerhin der Name: St. Dionysius, französisch „Saint Denis".
Im 15. Jahrhundert hatte sich die Zahl der Gläubigen im Stadt gewordenen „Crefeld" vervielfacht, das Kapellchen war schon lange viel zu klein. Daher erstand St. Dionysius völlig neu und erhielt das Prädikat „gotisch". Nur wenige Jahrzehnte später wurde religiös auf Reformation und nach Brand architektonisch auf „Spätgotik" umgestellt. 1840 ließ die Gemeinde das architektonisch rückständige Kirchenhaus abreißen, nur der Turm durfte bleiben. 1936 mußte das alte Turmportal dran glauben, in der Bombennacht 1943 dann wieder die gesamte Kirche. Der schwer getroffene Turm wartete tapfer auf Rettung, aber es gab so viel zu retten in der zermalmten Stadt. Und als die „Alte Kirche" 1952 zum bisher letzten Mal endlich wiederaufgebaut wurde, brach der Turm zusammen. 1965 folgte ein neuer.
Die Eingangsportale der Kirche mit ihren zarten Emaille-Arbeiten stammen aus der Hand von Professor Ewald Mataré, die Nordfassade schmückt zudem ein Kreuz von Professor Rudolf-Werner Ackermann, der das Bild von der anbetenden Gemeinde und die Tauftafel im Kircheninnern schuf. „Was die Väter einst gruben in den Stein, In der Kinder Herz soll's geschrieben sein, Durch allen Wechsel und Wandel der Zeit tön mahnendes fort in Ewigkeit". Die Inschrift auf einer Tafel aus dem Jahre 1896 an ihrer nördlichen Fassade faßt die Geschichte der Alten Kirche gut zusammen, könnte ihr Wahlspruch sein.

Adresse: Quartelnstr. 13; alle S-Bahnn, Ⓗ: Ostwall/Rheinstraße

Tipp: Das Folklorefest am Platz der Alten Kirche am jeweils letzten August-Wochenende ist völlig zu Recht seit 1978 fester Bestandteil des Krefelder Kulturkalenders.

4___ Die Alte Post

Buschhüter Eck

Karl Buschhüter war ein Querkopf, ein unrasierter Eigenbrötler mit langen Haaren, der sich seine Klamotten selbst nähte und am liebsten barfuß unterwegs war – aus Naturverbundenheit und aus Protest. Er war prinzipiell dagegen, bezog seine Feindbilder aus allen Gesellschaftsschichten, ging gegen Nazis mit gleicher Häme vor wie gegen jüdische Mitbürger, ließ kein gutes Haar am Bürgertum, das ihn ernährte. Er war ein echtes „enfant terrible", aber eben auch ein kluger Kopf und ein inspirierter Architekt, der seine Einfälle äußerst dekorativ und professionell in bare Münze zu verwandeln wußte. Seine „Post an der Steinstraße" müßte eigentlich „Post an der Stein-, Linden- und Dreikönigenstraße" heißen – das Aufeinandertreffen der drei Straßen war das Problem, das es zu knacken galt und an dem sich sicherlich manch einer die Architektenzähne ausgebissen hätte. Nicht so Buschhüter: er entschied, zwei dreigeschossige Häuser hinter drei Fassaden in einem einzigen Gebäude zusammenzufassen. Drei Giebel, jeder ein Unikat, mit dem größten zeichnet der Architekt den Mittelteil der Gebäudekopfseite aus. Seine berühmten Erker läßt er über alle Stockwerke klettern und in unterschiedlich gestalteten Türmchen enden, setzt dagegen die Fenster streng übereinander. Türen und Fenster im Erdgeschoß überwuchern üppige Jugendstil-Rundungen in grünem Dolomit-Stein. Ein Adler wacht über der früheren Paketausgabe an der Steinstraße, über dem Original-Tor an der Dreikönigenstraße ein verspieltes Posthorn. In Krefeld finden sich auch eine ganze Reihe von Wohnhäusern, die nach Plänen von Buschhüter errichtet wurden. So auch das Haus am Westwall, in dem der Krefelder Kunstverein residiert. Es stand zuerst an der St.-Anton-Straße und wurde bei deren Verbreiterung vorsichtig abgebaut, um die Ecke gebracht und am Westwall wieder aufgebaut. Die meisten Krefelder Buschhüter-Häuser finden sich im Kliedbruch; die Lage zwischen Wald und Feldern hatte es Buschhüter besonders angetan. Der Naturfreund baute viel und kümmerte sich wenig ums Geld. Da gab es auch nicht viel zu kümmern. Völlig verarmt und allein starb der große Architekt und umstrittene Reformer in seinem Haus an der Moerser Landstraße.

Adresse: Dreikönigenstr. 163; Bus 051, (H): Roßstraße

Tipp: Das Haus an der Moerser Landstraße Nr. 18 hatte Buschhüter für seine Mutter gebaut. Ihr Bild ziert die Frontwand.

5___ Am Hohen Haus

Stein auf Stein

Krakau liegt an der Weichsel. Krefeld nicht. Wie kommt es also, daß 1100 km westlich der polnischen Stadt am Niederrhein scheinbar ein Stadtteil nach ihr benannt ist? Der Name des Stadtteils leitet sich höchstwahrscheinlich ebenso wie der Name der Stadt von gewissen schwarzen Vögeln ab, denn im Krefelder Platt bedeutet „Cracau" (oder „Krakau") „Krähenkäfig". Auf jeden Fall ist Burg Cracau auf sehr alten Krefelder Stadtansichten tatsächlich zu finden. Nach dem Ende des 17. Jahrhunderts sucht der Kupferstichbetrachter die Burg vor den Krefelder Toren vergeblich: den zuständigen Oraniern wurde sie zu teuer. Sie ließen die trutzige Feste, die im 14. Jahrhundert zum Schutz der jungen Stadt Krefeld errichtet worden war, kurzerhand schleifen. Vielleicht wollten sie auch nicht daran erinnert werden, daß die Burg 1586 und 1605 vom damaligen Erzfeind Spaniern eingenommen wurde, wenngleich das Haus Oranien sie jedes Mal zurückeroberte. 1609 kehrte erstmal Frieden ein, die Burg wurde überflüssig und verfiel. 1678 erging dann der besagte Schleif-Befehl der Oranier, und als die Grafschaft Moers mitsamt Krefeld und Cracau nach dem Tod Wilhelms III. von Oranien in preußischen Besitz überging, war von der wehrhaften Burg nichts übrig als ein Haufen Bauschutt. Und der blieb erstmal 41 Jahre liegen. Im Jahr 1719 trägt sich mit Hubert Rahr ein Mennonit aus dem benachbarten Kempen als Pächter in die Geschichte von Cracau ein: er plant den Bau einer Essigfabrik und einer Bleicherei. Die alten Bruch- und Backsteine auf dem Schutthaufen werden vom Mörtel befreit und kommen auch beim Bau des Rahr'schen Privathauses – Keimzelle des Rokoko-Schlößchens Cracau – zu neuen Ehren. Drei Generationen später kauft Heinrich von Beckerath den Preußen die Pachtdomäne Cracau im Auftrag seiner Schwiegerfamilie Rahr ab und erbt schließlich den gesamten Besitz samt Schlößchen und Hohen Haus, das ebenfalls in großen Teilen mit Steinen der alten Burg errichtet wurde. Das Schlößchen wurde im Zweiten Weltkrieg dem Erdboden gleichgemacht, dieses Mal blieb kein wiederverwendbares Baumaterial übrig. Einzig das Hohe Haus, das auf den Mauern der alten Burg errichtet wurde, blieb stehen. Steinerne Kanonenkugeln in der südöstlichen Wand erinnern an wehrhafte Zeiten.

Adresse: Am Hohen Haus 2; Bus 054, 058, Ⓗ :Am Hohen Haus

Tipp: Das Kulturprogramm der jüdischen Gemeinde Krefeld im Foyer der 2008 eröffneten Synagoge an der Wiedstraße.

6___ Das Behnisch-Haus

Vorgeschobener Riegel

Multifunktional, Segen für die Innenstadt oder Bau für alle? Reckt sich das Gebäude zwischen der schmalen Petersstraße und der ebenso schmalen Lohstraße empor, oder duckt es sich zwischen Werkkunstschule und Jazz-Keller nach Art groß gewachsener Wesen, die nicht auffallen wollen? Fördert es Wirtschaft und Handel, oder quengelt es um Aufmerksamkeit? Entwickelt es sich zum Füllhorn oder zum Faß ohne Boden? Selbst der Architekt, Günter Behnisch, fand den Standort für dieses Projekt, das eines seiner letzten werden sollte, nicht direkt optimal.
Aber da war nun mal dieses Sahneteilchen mitten in der Innenstadt, das seit 60 Jahren als ewig schlammiger, ewig holpriger Parkplatz vor sich hin dämmerte und einer großen Zukunft als Projekt im Dienste einer attraktiven Innenstadt entgegenträumte. Aus dem Traum entwickelte sich zwischen der alten, schmalen Petersstraße und der alten, schmalen Lohstraße eine hochstylische Immobilie mit Mischnutzung, 140 Meter lang, 22,5 Meter hoch, von Stadt und Bürgern zunächst als Fremdkörper mißtrauisch und eingehend beäugt. Doch mittlerweile haben sie sich gegenseitig beschnuppert und miteinander befreundet, das mächtige Fabelwesen aus Beton und die Krefelder. Vor allem im Sommer belebt die Außengastronomie die streng geometrischen Ecken des Riesenriegels, findet sich Schritt für Schritt die erwünschte Mischung ein, um das Prestige-Projekt endlich zu nutzen.
Tief unter dem obersten der drei Stockwerke, das am weitesten aus dem Behnisch-Haus herauskragt, hat sich der Stadtmarkt etabliert. Er versorgt die Innenstadtanwohner mit frischem Obst und Gemüse, dient gestreßten Büromenschen auf der Suche nach einem Mittagssnack als Naherholungsgebiet, setzt einen ländlichen Contrapunkt zum extravaganten Nachbarn. Marktbesucher und Passanten können sich daneben auch an mehreren Ständen laben. Es gibt Asiatisches und Austern, Suppen und Curry-Wurst, Fritten und Krakauer, dazu gut gekühlte und frisch gezapfte Getränke. Freude herrscht. Und Toleranz. Ein passender Standort für das Behnisch-Haus. Vielleicht ist dies der lang erwartete Beginn einer großen Freundschaft.

Adresse: Petersstraße 122; alle S-Bahnlinien, (H):Ostwall/Rheinstraße

Tipp: Die Krefelder City-Passage führt vom Ostwall direkt zum Behnisch-Haus.

7___ Der Blaue Enzian

Flachlandtiroler

Am zweiten Wochenende im September finden in Deutschland seit über 20 Jahren die „Tage des offenen Denkmals" statt. In Krefeld zählt ein über hundertjähriger S-Bahn-Triebwagen mit Anhänger zu den Stars des Programms. Das historische Schienengespann zieht S-Bahn-Fans, Nostalgiker, Großeltern mit Enkeln und viele andere in Scharen an die provisorische Haltestelle an der Grenzstraße. Dort zaubert es selbst denen, die lange warten müssen, um einen der 90 Sitz- und Stehplätze zu ergattern, ein Lächeln ins Gesicht. Das himmelblaue Schätzchen aus der Zeit des Jugendstils wird von Originallampen beleuchtet, und auch die übrige Ausstattung – Kurbel, Spiegel, Lampen, Bänke – ist echt, genau wie das Chassis des Anhängers. Sein Oberbau wurde zwar erst 70 Jahre nach dem Fahrgestell angefertigt, aber das tut dem Gesamteindruck keinen Abbruch. Wenn Triebwagen samt Waggon sich auf den Gleisen hinter dem Kleingartenverein Sprödentalplatz fröhlich Richtung Fischeln oder St. Tönis in Bewegung setzen, ist das für Passagiere und Straßenpublikum Zeitreise pur zu lang vergangenen S-Bahn-Epochen. Die erste Bahn, die jemals in Krefelds Innenstadt über Schienen fuhr, war die Düsseldorfer K-Bahn, die 1980 in „U 76" umbenannt wurde. Diese Benennung hat Krefeld nie erreicht. Schließlich trat sie als K(refeld)-Bahn ihren Dienst an. Dann rauschte sie täglich strombetrieben über den Rhein heran – der fahrende Beweis für die Überlegenheit gegenüber der überholten, lauten, übelriechenden Dampfbahn. Nach nur einem Jahr waren die Krefelder überzeugt und stellten ebenfalls auf „elektrisch" um. 1904 bimmelten stattliche 9 Linien durch Crefeld, 1930 waren es 16, darunter einige in verlässlichem 10-Minuten-Takt! 1949 waren die Straßen soweit von Trümmern befreit, daß 7 S-Bahnn den Betrieb wieder aufgenommen hatten, und nur drei Jahre später trugen bereits zehn „Elektrische" zur Wiederbelebung der Seidenstadt bei, unter ihnen der „Blaue Enzian" mit der Nummer 93, der bis 1955 Dienst tat. Mit dem Ruhestand kam der Rost, bis der Verein Linie 1 sich dem Erhalt von Nr. 93 verschrieb und ihn fachgerecht mit Lack, Öl, Sachverstand und Herzblut wieder herrichtete. Danke sehr!

Öffentliche Fahrten am Tag des Offenen Denkmals und an Nikolaus.
Information: Linie1 e. V., Weidenbruchweg 97, 47809 Krefeld

Tipp: Triebwagen und Beiwagen dürfen auf der Strecke zwischen Grenzstraße und Grundend auch private Einsätze fahren.

8___ Burg Linn

Bißchen Byzanz

Es begann mit einem künstlich angelegten Hügel, „Motte“ genannt, darauf ein hölzerner Wachturm und einem Wassergraben um das Ganze herum. Das war um das Jahr 1000. Gute 160 Jahre später ließen die Brüder Otto und Gerlachus de Linne die Holzkonstruktion einreißen und durch einen mächtigen Turm aus Stein ersetzen, in dem sie wohnten, herrschten und sich verteidigen konnten. 1378 überträgt Mechthild von Kleve ihren Witwensitz – die zur Verteidigungsanlage erweiterte Burg – als Pfand an Heinrich von Strünkede, der in Linn dem Raubrittertum frönt, bis der Einsatz alliierter Landfriedenstruppen unter Kölner Leitung Heinrichs Treiben ein Ende setzt. Burg Linn gehört von da an zu Kurköln und wird zu einer anständigen Doppelburg ausgebaut, mit Vor- und Hauptburg, wie es sich gehörte. Obwohl Burg Linn durch weitere Aus- und Umbauten im 17. Jahrhundert zu einer der größten Wasserburgen am Niederrhein aufsteigt, wird sie zu Beginn des 18. Jahrhunderts komplett zerstört und die Vorburg zum Jagdschloß degradiert. 1806 erwirbt Isaac de Greiff Burg, Jagdschloß und Umschwung. 1924 übernimmt die Stadt Krefeld und beginnt nach Kriegsende mit der Renovierung der Ruine, die 1957 erfolgreich abgeschlossen wird. Inzwischen hat sich die Wasserburg mitsamt den angeschlossenen Museen längst zur gut besuchten Attraktion und zum prominenten Veranstaltungsort gemausert. Was vor über 50 Jahren mit den „Serenaden im Rittersaal“ begann, umfaßt neben dem traditionellen „Flachsmarkt“, auch den „Jazz an einem Sommerabend“, oder die „Night of the Proms“ im Rahmen der „British Days and Country Fair“. Der wenig niederrheinische Grundriß der heutigen Burg hat sich seit dem 13. Jahrhundert erhalten, als Kreuzritter Otto de Linne außer seinen Erinnerungen an den minimal glamourösen Dritten Kreuzzug, der Kaiser Friedrich I. Barbarossa das Leben kostete, die byzantinische Architektur ins heimische Linn brachte und den Bau einer sechseckigen Maueranlage mit Wehrtürmen nach Byzantiner Vorbild anordnete. 1990 fand man in der Nähe der Burg, wo sich einstmals die Alte Linner Kirche erhob, die Gebeine des weitgereisten Otto in seinem vollständig erhaltenen Sarkophag. Beide befinden sich in bemerkenswert gutem Zustand und sind im Museumszentrum Burg Linn zu besichtigen.

Adresse: Rheinbabenstraße 85; S-Bahn 044, Ⓗ:Burg Linn

Tipp: Sonntags um 11.30 werden im Jagdschloß vor der Burg die mechani schen Musikinstrumente in Betrieb gesetzt (Eintrittsgebühr)

9___ Das Café

Große Freiheit, Tannenstraße

Sehen und gesehen werden ist unvermeidlich bei fünf Tischen im Lokal und kleiner Theke. Trotzdem bleibt das kleine Café seit über dreißig Jahren von Schick und Mick verschont. Wer möchte schon mit einer location protzen, die als Reißer „die besten Eierteile in town" anbietet, wo hochprozentige Mischgetränke für 4,50 Euro die Preisobergrenze der Getränkekarte darstellen? Die „Das-geht-gar-nicht"-Zeitgenossen sind draußen geblieben. Also nicht draußen an den vier Tischen für je zwei Personen, sondern überhaupt draußen. Dafür fand sich ein renommierter Kunstexperte regelmäßig ein, für dessen Hut neben der Tür eigens ein Haken angebracht ward. Nach Hutablage ging Herr K.-S. bei einem Getränk im Café ab und an seinen Geschäften nach. Solange, bis die deutschen Justizbehörden ihm dazwischen funkten. Das kleine Café hat das mächtige Rauschen im Blätterwald, das sich daraufhin erhob, gut überstanden, weil ignoriert, und an der Wand neben der Tür ist mittlerweile nur der Abdruck des Huthakens geblieben. Bis 1920 betraten Gäste der „Tannenhöhe" den Raum durch den großen Bogen über der Theke um Billard zu spielen, dann ließ sich eine Konditorei im Billardzimmer nieder. In stabilen Lettern kündet immer noch der Schriftzug über der Straßenfront von ihrer Existenz. 1981 übernahmen fünf Studenten der Werkkunstschule und gründeten das „Café". Die Getränkekarte hält traditionell an der alten Schreibweise des heißen Koffeingebräus fest. Tradition ist auch der täglich frische Kuchen, immer lecker hausgemacht, sowie täglich frische Zeitungen. Die ehemals blau lasierten Bodenplatten weisen bunte Abwetzungsgrade auf. Die Stühle sind alt, bequem und passen nicht zusammen. Das ist nicht Programm, das ist so. Programm dagegen ist das Mittagsangebot – zwei oder drei Gerichte, mindestens eins davon vegetarisch. Sonntags abends kann man „Tatort" schauen und mitraten. Gesichtskontrolle ist ein Fremdwort. Rund um die altehrwürdige Marmorplatte der Kuchentheke geht es entspannt zu. Zeitung lesen, dösen, quasseln. Wer seine Ruhe will, bekommt sie. Stammgäste wissen, daß man im Sommer durch die geöffnete Glasscheibe der geschlossenen Eingangstür tritt und daß im Winter vor den uralten Fenstern ein Pullover von Nutzen sein kann. Oder ein Grog für deutlich unter drei Euro.

Adresse: Tannenstr. 147; Bus 058, Ⓗ:Corneliusplatz

Tipp: Die jeweilige Kunst-Ausstellung pfeift auf die Zensur.

10___ Will Cassel

Alter Freund

Will Cassel hat an der renommierten Krefelder Werkkunstschule studiert. Seine Studien führten ihn auch nach Venedig, Paris und New York, das ihm lange eine zweite Heimat war. Seine Ausstellungen weckten dort und in der ganzen Welt Interesse, sorgten stets für Aufmerksamkeit. Er ist ein hartnäckiger Menschenfreund, Naturliebhaber, Künstler. Und er ist Avantgarde, treibt Fortschritt durch Kunst an, malt, verfremdet Gegenstände des täglichen Bedarfs zu Objekten, baut Installationen, gibt Performances – Selbstdarstellung ist Teil des Künstlerlebens. Seine Haare trägt er lang, eine obligatorische Taschenuhr in Begleitung zweier „Abstraktionen der Zeit" um den Hals.
Er ist kritisch auf diese ihm eigene, umsichtige Art, mit der er den Finger behutsam in offene Wunden legt, um zu heilen. Er stellt seine Kunst immer wieder in den Dienst der Stadt Krefeld, in der er seit seinem vierten Lebensjahr zu Hause ist. So trat er, wie immer selbstverständlich, für die neue Kupferspitze der Dionysius-Kirche ein. Unter anderem. Vordergründig wirken Will Cassels Motive oft frohgemut oder drollig. Erst auf den zweiten Blick gibt sich die Frage dahinter zu erkennen, auf den dritten sein Lösungsvorschlag. Sein ständiger Begleiter, der Zwerg, ist als Figurine immer ganz in Weiß, „geistiges Bild aller Farben des Lichts". Auf der Leinwand dagegen koloriert der Künstler seinen kurzbeinigen Protagonisten mit Humor und Einfühlungsvermögen. Und zwar in Knallbunt. Will Cassels Farben sind Radikalinskis. Auf seinen Bildern treten sie in Rudeln auf, schwärmen laut und vielfältig über die Leinwand, lenken die Blicke des Betrachters erst auf sich, dann auf die Botschaft. Und die ist nicht selten energisch dazugeschrieben. Der Künstler sagt und schreibt, was er denkt.
Die Tuschezeichnungen der Kopfweiden vor seinem Haus werden mit um so zarterem Strich aufs Papier gebracht. Sie spiegeln den Wandel der Jahreszeiten, in ihnen versieht Cassel seine großen Themen „Endlichkeit" und „Vergänglichkeit" mit verläßlich-tröstlicher Komponente.
Er hat die Welt gesehen und die Welt hat ihn zur Kenntnis genommen. Mehr und mehr konzentriert sich Will Cassel nun auf seine Heimat, seinen Garten, Atelier und ständige Ausstellung in dem Buschhüter-Haus am Kuhdyk, in dem er es sich mit seiner Frau Sigrun vor langer Zeit gemütlich gemacht hat. Gemütlich, nicht bequem.

Adresse: Kuhdyk 20; Bus 060, Ⓗ: Papendyk

Tipp: Einen Besuch in Will Cassels Atelier mit einem Spaziergang durch den Wald beginnen. Das ist die beste Einstimmung.

11___ Der Corneliusplatz

Cornelius Wer?

Ein elegantes Halbrund, feierliche Jugendstilfassaden, Bäume, Bänke, Rasen und drum herum Pflaster, das Stein für Stein von Handwerkerhand gesetzt wurde. Obwohl er es nicht nötig hätte, versteckt sich der Platz hinter viel Grün, südlich der verkehrsberuhigten Kreuzung von Südstraße und Corneliusstraße und nördlich der Lewerentzstraße in Krefelds Südstadt. Diese lange verkannte Wohnlage wandelt sich mehr und mehr zur begehrten Adresse. Hier finden erwachsene Anwohner und Passanten in guter Krefelder Stadttradition viel Grün für Freizeit und Muße, und Kinder genügend Platz – auf und rund um den Corneliusplatz, sowie auf der Straße, die auf den Platz führt und sich mit ihm den Namen teilt. Die Corneliusstraße steht in ihrem oberen Bereich jenseits der Südstraße mit Spielgeräten wie Klettergerüst und Streetballkorb morgens der Josef-Schule als Schulhof zur Verfügung und nachmittags allen Kindern, die den Weg nach draußen finden.

In Krefeld pflanzt man aus Prinzip meist zunächst einmal einen Baum, um Veränderung zu dokumentieren. In dieser Tradition wurden auf dem Corneliusplatz Gingkos und Eichen in den Dienst von Luft- und Lebensqualität gestellt, auf der Corneliusstraße zwischen Lewerentz- und Südstraße sind es Birken und Hochstamm-Hainbuchen auf dem Schulhof, der nachmittags ein Spielplatz ist.

Das Ensemble verdankt seinen Namen Cornelius de Greiff, Seidenfabrikant und gläubiger Mennonit, der den ersten drei Prinzipien seines Lebensmottos: „Beten, arbeiten, sparen, geben" stets gewissenhaft nachkam, dem vierten zu Lebzeiten eher zurückhaltend, in seinem Testament dafür um so spektakulärer. „Dä Knelles", wie er in Mundart angesprochen wurde, ist bis heute einer der großzügigsten Gönner der Seidenstadt. So stand es bereits auf dem Sockel der De-Greiff-Säule auf dem Ostwall für jedermann zu lesen, bis der stolze Greif aus Bronze und die vier bronzenen Reliefs der Waffenindustrie zugeführt wurden. Ein Teil der zerbrochenen Säule wurde eine Zeitlang auf den städtischen Betriebshof ausquartiert, ragte dann ein paar Jahre aus einem Brunnen vor der Dionysiuskirche, wo er so lange verschmäht und verschmutzt wurde, bis man ihn wieder auf das Gelände des städtischen Betriebshofs brachte, wo er sanft und in Frieden ruht.

Bus 058, Ⓗ: Corneliusplatz

Tipp: Neben der Fassade des Hauptgebäudes der Josefschule an der Corneliusstraße lohnt auch ein Blick auf das verklinkerte Nebengebäude an der Südstraße 22.

12___ Das Dante-Denkmal

Fern der Heimat

Denkmäler zu Ehren des großen italienischen Dichters Dante Alighieri sind genau wie seine Anhängerschaft über den gesamten Globus verteilt – man findet sie in seiner Heimatstadt Florenz, die ihn einst etwas kurzsichtig ins Exil verbannte, aber auch in Verona, Ravenna, Trient, Venedig, Neapel, Sevilla, London, Quebec, New York und Krefeld. Ja, genau – Krefeld. Und das kam so:

Dantes deutsches Zuhause befindet sich in Weimar, wo die Arbeit der Deutschen Dante-Gesellschaft nach dem Krieg durch die Besatzung und das darauffolgende DDR-Regime stark beeinträchtigt wurde. Durch den Einsatz des Direktors der Krefelder Bibliothek, Dante-Kenner Friedrich Schlüter, fand die erste Tagung der Deutschen-Dante-Gesellschaft nach dem Krieg in Krefeld statt. Trotz widrigster Nachkriegszustände sorgte Schlüter dafür, daß es den Tagungsteilnehmern an nichts fehlte. 1965, als Dantes Geburtstag sich zum 700sten Mal jährte und die Deutsche Dante-Gesellschaft ihr 100jähriges Bestehen feierte, hieß Krefeld diese ihre Tagung bereits zum zehnten Mal willkommen. Das mußte gefeiert werden. Am liebsten mit einer Dante-Skulptur. Nach einigem Hin und Her konnte eine Replik der Bronze von Giannino Casiglioni, die seit 1947 den Innenhof der Biblioteca Ambrosiana in Mailand ziert, erworben werden. Im Oktober 1965 schritt man zur feierlichen Enthüllung im Innenhof der Krefelder Stadtbücherei, dem sie als einzige ihrer Art nördlich der Alpen bis 2006 ein wenig Glanz verlieh.

Dann wurde die alte Stadtbücherei durch die moderne Mediothek ersetzt; die überlebensgroße Statue durfte die Arbeiten von einem geschützten Übergangsstandort im Theater-Foyer aus verfolgen. In der neuen, hellen Mediothek war kein Platz für den alten, etwas dusteren Dante. Kurzerhand ernannte man ihn zum Kultur-Bindeglied und richtete ihm als neue Heimat ein verstecktes Plätzchen ein, hinter den Terrassenpalmen des Cafés zwischen Bühnen- und Bücherhaus, „Bildungslücke" genannt. Trotzdem ist die Dante-Gesellschaft im Großen und Ganzen zufrieden. Ein Sockel müßte noch her, damit man ihn besser sehen kann, den berühmten italienischen Dichterfürsten mit der prägnanten Nase und der im 14. Jahrhundert unvermeidlichen Trecento-Kappe über den Ohren.

Adresse: Theaterplatz; alle S-Bahnlinien, Ⓗ: Ostwall/Rheinstraße

Tipp: Die klassizistische Fassade der Hauptpost am Ostwall, einstmals Kaiserliches Postamt.

13___ Der Deuß-Tempel

Wohlgetan

Knapp zwei Jahre nach seinem Tod adelte die Stadt Krefeld Wilhelm Deuß mit einem Denkmal und baute ihrem großzügigen Sponsoren 1913 einen kleinen Tempel an den Weiher im Stadtwald nebst Bronze-Plakette mit dem Deuß'schen Konterfei. Fleißig und zielstrebig hatte sich der junge Kaufmannslehrling bis zum Seidenfabrikanten hochgearbeitet. Gemeinsam mit Albert Oetker gründete er in Schiefbahn die Mechanische Seidenweberei und Tuchfabrik Deuß & Oetker. Sie war mit über 400 Webstühlen eine der größten Webereien ihrer Zeit und Fundament der Krefelder Verseidag, eines der weltweit höchst spezialisierten Unternehmen für „Technische Textilien", über das Deuß' und Oetkers Lebenswerk mittlerweile im dritten Jahrtausend angekommen ist.

Zu seinem 70. Geburtstag machte sich der unverheiratete Wilhelm Deuß eine besondere Freude und beschenkte seine Geburtsstadt mit mehreren Hektar Land im Stadtteil Bockum als Grundstein für einen Landschaftspark für Erholung suchende Bürger. Das gefällige Ergebnis wurde vier Jahre später seiner Bestimmung übergeben und war so gut gelungen, daß Deuß nachlegte und dem Ur-Stadtwald nach und nach weitere Flächen folgen ließ.

Heute dehnt sich die Schenkung des Seidenbarons auf über 2 Quadratkilometer aus und bietet herrlichen Buchenwald, Wiesen, deren Betreten ausdrücklich erwünscht ist, einen großen, immer gut besuchten Spielplatz, Fußballtore, Fahrradwege, Brücken über die verzweigten kleinen Wasserwege zum Stadtwaldweiher und einen Ruderbootverleih. Im Sommer findet seit Jahrzehnten das Kinderprogramm „Spiel ohne Ranzen" statt. Und natürlich wird gegrillt, was das Zeug hält. Vor einigen Jahren vergaß man über der glimmenden Holzkohle mehr und mehr, daß es auch ein Leben nach dem Grillen gibt und daß im Stadtwald Tiere und um den Stadtwald Menschen irgendwann ihre Nachtruhe finden müssen. Ebenfalls in Vergessenheit geraten war der Zweck der so genannten Abfallbehälter. Mittlerweile setzt sich ihr Gebrauch langsam wieder durch. Besonders Kinder und Wiesen sind dankbare Nutznießer dieser erfreulichen Entwicklung – zurück zu altmodischen Tugenden wie Rücksichtnahme und Gemeinschaftssinn und zur Grundidee des großen Wohltäters Deuß von der Naherholung.

Adresse: An der Rennbahn; Bus 058, Ⓗ: Stadtwald

Tipp: Decke, Buch, Ball, Fahrräder, Familie und Freunde mitnehmen.

14___ Das Deutsche Textilmuseum

Immer in Mode

Ein Museum ohne feste Öffnungszeiten muß ja was ganz Besonderes sein. Und das ist es auch. Das Deutsche Textilmuseum im alten Rheinstädtchen Linn hütet Kleinodien so kostbar, daß sie nur zu ganz besonderen Gelegenheiten, sprich: Ausstellungen, ans Licht dürfen. Hinter der eher nüchternen Fassade am Andreasmarkt werden Stoffe aus allen Epochen gesammelt, restauriert, gehütet. Die ältesten der über 30.000 Textilien aus allen Teilen der Welt stammen aus der Antike! Sie stehen allesamt unter ständiger Beobachtung, sind sorgsam verschlossen im klimatisierten High-Tech-Archiv. Darüber hinaus steht im Deutschen Textilmuseum eine hochspezialisierte und äußerst wertvolle Bibliothek für Textil- und Bekleidungsgeschichte zur Verfügung, eine Präsenzbibliothek mit über 9000 Werken.

Das Museum stattet im Jahr mehrere Ausstellungen zu stets neuen Themen aus. Dann werden die entsprechenden Kostbarkeiten ausgepackt, zur Schau gestellt und nach Ausstellungsende so schnell wie möglich wieder eingepackt, damit sich die alten Gewebe und Verzierungen von ihrem Streß erholen können. Und Licht ist Streß. Trotzdem sollen sie ja gezeigt werden, die altehrwürdigen Exponate aus dem Zeitalter des Barock, oder des Rokoko, oder des Biedermeiers. Bis zur Neuzeit sind so gut wie alle Stil-Epochen repräsentiert. Neben Kleidungsstücken lässt sich der ewige Wandel der Mode auch an Accessoires wie Schuhen, Hüten oder Taschen ablesen. Das alte Linn hütet eine Menge Schätze, viele von ihnen bedeutend, manche von internationalem Renommée, aber das Deutsche Textilmuseum kann sie alle überbieten.

Bereits 1880 wurde diese Sammlung in der königlich-preußischen Gewerbeschule Krefeld als Vorbildersammlung begonnen und ging um 1930 als Schenkung an die Stadt, die es damals mit feinen Stoffen und Tuchen zur wohlhabenden Großstadt gebracht hatte. Aber ob nun die Ausstellungen des Textilmuseums Zeugnis von dieser großen Krefelder Vergangenheit im Luxussegment ablegen, oder ob sie Werke aus fremden Sammlungen zeigen: man muß weder aus Krefeld noch vom Fach sein, um Meisterschaft, Inspiration und Handarbeit aus mehr als zwei Jahrtausenden zu bewundern.

Adresse: Andreasmarkt; S-Bahn 044, Ⓗ: Burg Linn

Tipp: Spaziergang durchs alte Linn.

15___ Die Dionysius-Kirche

Westwärts

Die meisten katholischen Kirchen sind traditionell „geostet", ihr Hauptportal liegt nach Westen und der Chor nach Osten, in Richtung der aufgehenden Sonne, Symbol der Auferstehung. Die Krefelder Dioniysius-Kirche dagegen betritt der Besucher von Osten. Der Chor blickt nach Westen; diese Anordnung ergab einfach ein schöneres Bild. Durch diesen Kunstgriff wird die Rheinstraße repräsentativ von Kirchturm und Hauptportal abgeschlossen, statt vom erheblich niedrigeren Chorraum, der sich nach außen eher schlicht darstellt. Bereits vom 12. bis ins 16. Jahrhundert wurden katholische Messen in einer Kirche abgehalten, die St. Dionysius geweiht war. Deren Gebäude erhob sich zu dieser Zeit aber neben dem Schwanenmarkt, am Standort der heutigen „Alten Kirche". 1561 wurde die damalige St.-Dionysius-Gemeinde vom Krefelder Lehnsherren, Graf Hermann von Moers, ungefragt zum reformierten Glauben konvertiert. 1584 brachten die Spanier den Katholizismus zurück, 1601 die Oranier die Reformation. Ab 1607 gab es in der Stadt überhaupt keine katholische Pfarre mehr. Erst 150 Jahre später – Krefeld war inzwischen ans protestantische Preußen gefallen – gewährte der Alte Fritz, König Friedrich II. von Preußen, seinen lukrativen, fleißigen Krefeldern den Bau einer neuen katholischen Kirche, die wieder unter das Patronat des Heiligen Dionysius gestellt und 1779 geweiht wurde. Es ist kein Zufall, daß der Grundriß des neuen Gotteshauses an des Königs liebste Kirche, die Garnisonskirche in Potsdam, erinnert. Nach einer ersten Modernisierung von 1840 bis 1843 wollte das zu Wohlstand gekommene Bürgerturm der Kirche 1890 einen schönen, neuen, hohen Turm bauen. Das hatte mit Glauben nichts zu tun, das war rein repräsentativ gemeint und wurde 1894 mit dem Abbruch des barocken Turms in die Tat umgesetzt. Der neue, hohe Turm der Kirche des Heiligen Dionysius war das weltliche Wahrzeichen einer reichen Stadt. Den schweren Angriffen auf Krefeld hielt der Kirchturm trotz großer Schäden stand und überragte die vollkommen zerstörte Innenstadt wie ein Symbol der Beharrlichkeit. Auch einem heftigen Sturm im Jahr 2004 gab er sich nicht geschlagen. Bis auf die Spitze. Die war beschädigt und mußte abgenommen werden. Mit vereinten Kräften wurde Geld beschafft und seit November 2011 trägt die Dionysius-Kirche wieder eine Kupferkuppel – Spitzenleistung.

Adresse: Dionysiusplatz 21, S-Bahn 041, Ⓗ: Friedrichstraße

Tipp: Die Bronze-Figur von Papst Johannes XXIII. in St. Dionysius stammt aus dem Papst-Johannes-Haus an der St.-Anton-Straße, 1968 eingeweiht, 2011 abgerissen.

16___ Die Drehbrücke

Mal quer, mal längs

680 Tonnen filigranster Jugendstil. Ein echtes Altertümchen aus dem Jahr 1906 verbindet die Anleger an der vorgelagerten Landzunge im Linner Hafen mit dem Straßenverkehrsnetz. In jungen Jahren galt sie als modernste ihrer Art in Deutschland. Seit über 100 Jahren wird sie nun mittels Pumpen und Wasserkraft auf ihrem Mittelpfeiler, dem so genannten „Königsstuhl" um 11 Zentimeter angehoben und dann um 90 Grad gedreht. Danach steht sie parallel zur Fahrrinne und läßt nach oben viel Luft für Schiffsmasten.

Die einspurige Brücke wurde bislang zwei Mal restauriert. Ihre Technik funktioniert tadellos. Nicht zuletzt aus diesem Grund wurde sie – zunächst die Hydraulik-Maschinerie im Mittelpfeiler, dann die komplette Konstruktion – unter Denkmalschutz gestellt und darf bleiben, wie sie ist und wo sie ist. Was ein Segen ist und ein Fluch, denn breite Schiffe kommen zwischen Ufermauer und Mittelpfeiler einfach nicht durch. Und moderne Containerschiffe sind nun mal eher niedrig, dafür um so breiter.

Inzwischen engt die einstmals hochgepriesene Brücke die Zufahrt zum Hafen ein. Und damit auch den Umsatz der Hafenbetriebe. Von oben wird sie von den Lkw-Fahrern beschimpft, die an der schnörkeligen Verbindung zu den Industrieanliegern an der Bataverstraße regelmäßig im Denkmal-Stau stehen. Von unten kommen Beschwerden von den Rheinschiffern: auch die Schiffe müssen warten, denn gedreht wird höchstens zwei Mal am Tag. Eile ist geboten, da die Brücke etwa 5 Minuten nach der Drehung mit dem Abstieg beginnt, wenn der aufgebaute Wasserdruck dem Gewicht langsam aber stetig nachgibt. Sie ist alt geworden, die schöne Brücke. Und was 1906 der neueste Stand der Technik war, ist für den Krefelder Hafen mittlerweile leider ein tonnenschwerer Hemmschuh, ein unpraktisches, kostspieliges Denkmal, ein Verkehrshindernis, ein Dinosaurier der Wasserquerung. Vielleicht könnte sie an einem neuen Standort statt Lastwagen Fußgängern und Radfahrern als historische Exklusiv-Trasse einen Weg bereiten, bevor sie dem Rheinhafen Krefeld-Linn endgültig nur noch zur Last fällt. Mit ihrem Umzug könnte sie die Zukunft und Wirtschaftlichkeit des Hafens ein zweites Mal enorm voranbringen.

Adresse: Hafenstraße; S-Bahn 044, Ⓗ: Rheinhafen

Tipp: Über die Brücke, die Hentrichstraße und die Bataverstraße gelangt man zum Naturschutzgebiet „Spey“.

17___ Die Egelsberger Mühle

Eis, Mehl, Kunst

Die Saale-Eiszeit war die vorletzte ihrer Art. Sie wurde geschätzte 170.000 Jahre alt, kam von Norden und schob eine Menge Eis, Erde und Steine vor sich her, die sie bei ihrem Rückzug vor ungefähr 130.000 Jahren zurückließ und damit für manche kleine und größere Erhebung sorgte. Am flachen Niederrhein wurde einer dieser eiszeitlichen Hügel viele, viele Jahrtausende später auf den Namen Igelsberg oder Ygelsberg, schließlich „Egelsberg" getauft. Der eiszeitlich-steinige Untergrund des Hügels taugte nicht zum Anbau von Feldfrüchten, und obendrüber blies meistens ein frischer Wind über die Anhöhe.
Die Voraussetzungen waren ideal: so schaffte 1802 der erste Müller auf dem Egelsberg den ersten selbstgemahlenen Sack Mehl auf dem Buckel vor die Tür seiner neu erbauten Mühle, ganze 46 Meter über Normalnull. Für den Niederrhein ist das eine beachtliche Höhe, der Ortskern des nahen Traar, dem die Mühle Wahrzeichen und Wappen ist, liegt enorme 20 Meter tiefer! Wie ihre Elfrather Schwester ist sie ein Turmholländer, ihre Flügel sind am Turmhelm befestigt, der in den Wind gedreht werden kann; die Nutzung von Windenergie ist wahrhaftig keine neue Erfindung. Bis 1930 sorgten allein die vier fast 20 Meter hohen Flügel für den nötigen Antrieb, dann wurde die Windkraft durch Maschinenkraft ersetzt und bis 1942 weiter gemahlen. Stillstand bis 1954, das fleißige Mahlwerk faulte vor sich hin, bis die Stadt Krefeld sich erbarmte und die Mühle erwarb. Alters- und Kriegsschäden wurden beseitigt, 1984 hielt der geflügelte Bau Einzug in die Krefelder Denkmalliste.
Das Mahlwerk präsentiert sich im robust verzahnten Originalzustand. Es ist ein imposantes Anschauungsobjekt und vermittelt vor allem jüngeren Generationen Einblicke in fast vergessene Arbeitsabläufe und Besonderheiten eines traditionellen und einstmals hoch angesehenen Berufs. Die alte Mühle tritt auch gern als Gastgeberin für Kunstausstellungen in Erscheinung, oder stellt Hochzeitspaaren ein heimeliges, gut ausgelastetes Trauzimmer nebst Beamten zur Verfügung, Mühlenromantik inklusive. Nach der Trauung kann es manchmal ein bißchen länger dauern, bis auf dem obligaten Foto mit Braut und Bräutigam auf dem Egelsberg vor der Mühle die Frisuren richtig sitzen. Der Wind ist der älteste Freund der Mühle.

Adresse: Am Egelsberg; Bus 052, 058, Ⓗ: Bergstiege

Tipp: Das Müllerhaus knapp unterhalb wurde im gleichen Jahr erbaut.

18___ Die Entomologischen Sammlungen Krefeld

Aus der Nähe betrachtet

Insekten gibt es seit 400 Millionen Jahren auf der Erde. Ihr Anteil an der Welttierbevölkerung beträgt sicher 80, wahrscheinlich 90 Prozent, was nicht weiter verwunderlich ist angesichts der Tatsache, daß ein einziger Kubikmeter Waldboden über 100.000 verschiedenen Tierarten Kost und Logis bieten kann. Bislang ist eine Million Kerbtierarten bekannt, doch der Kreis wird ständig größer.
In Krefeld an der Marktstraße 159 hat eine eindrucksvolle Insektenabordnung eine geruhsame Heimat gefunden. Vorher ging es hier lauter zu, denn in dem Gebäude war die Schule Marktstraße untergebracht. Jetzt herrscht Ruhe, in den ehemaligen Klassenzimmern sind Schaukästen und spezielle Schränke aufgestellt, darin Käfer, Schmetterlinge und andere Insektenarten, viele davon über hundert Jahre alt. Sie sind viele: die Krefelder Sammlungen zählen zu den größten in Nordrhein-Westfalen.
Der Grundstock der Sammlungen konnte aus den Beständen des Naturwissenschaftlichen Museums am Kaiser-Friedrich-Hain vor der Zerstörung durch den Krieg gerettet werden, viele sind das Vermächtnis passionierter Insektensammler, wie zum Beispiel Wilhelm Mink oder Johannes Winnertz, denen die Stadt mit den gleichnamigen Wegen ein Denkmal gesetzt hat.
Die Entomologischen Sammlungen Krefeld wurden 2008 zum beweglichen Denkmal erhoben. Besonderes Merkmal dieser Art geschützten Kulturguts: es ist „nicht ortsfest", genau wie die Exponate zu ihren Lebzeiten. In den Räumen an der Marktstraße sind sie zum Schutz der feinen Farben und Strukturen für die Ewigkeit in ihren dunklen Holzkästen festgepiekst, wo der Betrachter die perfekte Symmetrie kleiner und kleinster Körper in Ruhe bestaunen kann, wenn das kleine Museum an besonderen Tagen Einlaß gewährt. Insektenpanzer oder Schmetterlingsflügel schimmern und leuchten, selbst Getier, das landläufig gern als abstoßend und einer eingehenden Betrachtung nicht wert empfunden wird, hält als regloses Anschauungsobjekt überraschend viel Staunenswertes und Schönes bereit. Diese außergewöhnliche Sammlung lädt dazu ein, genau hinzusehen. Besucher und Jungforscher sind willkommen!

Adresse: Marktstraße 159; Bus 051, (H): Roßstraße

Tipp: Die Jugendstilfassaden in der Prinz-Ferdinand-Straße. Dieser Teil der Innenstadt ist lange genug unterschätzt worden.

19___ Die Eremitenquelle

Im Wald allein

Eremiten wollen vor allem ihre Ruhe. So auch die Eremiten, die – einer nach dem anderen, wohlgemerkt – an der Böschung des Hülser Bergs einsiedelten. Dort war es ruhig, der Wald stand schwarz und schwieg und für frisches Wasser als einzigem Komfort der alleinlebenden Männer war gesorgt, da die kleine Quelle bereits ihren Betrieb aufgenommen hatte. An diesem Idyll hat sich wenig geändert. Wahrscheinlich tröpfelt das Wasser spärlicher als damals, aber wer weiß das schon? Auf jeden Fall ist es heutzutage lauter, Flug- und Autolärm durchdringen die beschauliche Waldesruh', trotz Apostroph. Die Eremiten blieben von Lärm ebenfalls nicht verschont, Kriege und Räuberbanden machten vor dem Hülser Berg nicht halt, und diese einmalige Kombination aus „Krieg", „Räuber" und „Eremit" gebar im 17. Jahrhundert eine der ältesten Hülser Karnevalstraditionen. Damals wurde „der Rote Dieter", ein übler Räuber und Wegelagerer, kurz vor seiner Hinrichtung aus der Burg im nahen Hüls befreit. Er versteckte sich mit seinen Räubergesellen im nahen Wald und plante dort einen umgehenden Rachefeldzug gegen das arglose Hüls. Der Eremit hatte die Bande unbemerkt belauscht und sich kurz entschlossen aufgemacht, um die Hülser zu warnen. Der Dreißigjährige Krieg tobte durchs Land, Hüls war besetzt, daher waffen- und wehrlos. Einzig Breetlook, also Lauch, breites Lauch, auch Porree genannt – war in ausreichendem Maß vorhanden, aber niemand hatte je von einer Räuberbande gehört, die von einer Dorfbevölkerung mit Porreestangen in die Flucht geschlagen wurde. Da kam den Hülsern die rettende Idee: sie streuten ihr Lieblingsgemüse kiloweise auf die Straße, die sie vorher wohlweislich angefeuchtet hatten. Die Pferde der Räuber rutschten auf dem vegetarischen Straßenbelag aus und warfen ihre Reiter ab. Unten angekommen wurden sie von den Hülsern vermöbelt und danach nie mehr gesehen. Die Hülser erkoren sich nach dieser Heldentat das Breetlook zum Schutzgemüse, dem sie besonders im Karneval huldigen. Ebenso gehuldigt wird auch der Hülser „Trina", stellvertretend für die Marktfrauen, die ebenfalls mit dem an Abwehrstoffen reichen Breetlook im 18. Jahrhundert den Einmarsch der Franzosen verhindert haben sollen. Wie auch immer.

Adresse: Talring, Bus 060, Ⓗ: Hülser Berg

Tipp: Hinter der Bank oberhalb der Quelle wölbt sich der Wall einer eisenzeitlichen Wallburg aus dem vierten Jahrhundert vor Christus.

20___ Die Fabrik Heeder

Tapetentheater

1906 wurde das Gebäude aus rotem Backstein erbaut und seiner Bestimmung als Tapetenfabrik übergeben. Licht, Licht, Licht, hieß die Devise. Die großen, hohen Fenster wurden in feinstem Jugendstil von Sandstein umrahmt. Ein lichtspendendes, glasüberdachtes Atrium nutzte das Tageslicht und erhellt die hinteren Produktionsräume seit über 100 Jahren auf ökologisch vernünftige Weise. Seit ihrer Indienststellung kurz nach der vorletzten Jahrhundertwende wurden die geräumigen Herstellungssäle mehrfach in Dämmerschlaf versetzt. Zum ersten Mal 1936, als der damalige Eigentümer Konkurs anmelden mußte.
1945 wurde der Betrieb unter dem Namen Fritz Peters & Co. KG wieder aufgenommen, denn die Fabrik war wie der benachbarte Krefelder Hauptbahnhof von Zerstörung weitgehend verschont geblieben während die übrige Krefelder Innenstadt nach dem Juni 1943 kaum noch aufzufinden war. 30 Jahre später, Anfang der 70er Jahre, zog die Tapetenproduktion endgültig nach Moers-Kapellen um. Die Heeder wurde wieder geschlossen, döste über zehn Jahre vor sich hin und ging währenddessen in das Eigentum der Stadt Krefeld über. 1985 kam im wahrsten Sinn des Wortes Bewegung rein. Tanz, Theater, Ausstellungen, Kurse, Vorträge.
Seit ihrer Wiedereröffnung als Kulturzentrum hat sich die alte Fabrik energisch und fleißig zu einer der tragenden Säulen des Krefelder Kulturlebens hochgearbeitet. Viele Veranstaltungen haben im Kulturkalender der Stadt einen festen Platz: „Move! - Krefelder Tage für modernen Tanz" ist mittlerweile ebenso renommiert wie das alljährlich im September stattfindende Bandoneon-Festival Krefeld. Heinrich Band, der Erfinder dieses Instruments war nämlich Krefelder. Das viel beachtete städtische Kinder- und Jugendtheaterzentrum – KRESCHtheater – hat in der Heeder ebenso eine Heimat gefunden wie das Frauenkulturbüro. In den hohen Räumen proben und spielen die Vereinigten Städtischen Bühnen Krefeld und Mönchengladbach und lassen ausgewählte Stücke in der besonderen Atmosphäre der zwei Studiobühnen in der ehemaligen Tapetenfabrik aufführen. Die alten Betriebsräume gehen mittlerweile in ihrer neuen Rolle als Kulturgastgeber so vollständig auf, als hätte hier die Produktion bunter Wandpapiere nie stattgefunden.

Adresse: Virchowstr. 130; alle Bahnlinien, Bus: 51, 52, 54, 57, 58, 60, 61, 69, 76, 77, 79, 927, Ⓗ: Hauptbahnhof

Tipp: Die Heeder hat mit dem Restaurant „Kulisse" eine eigene, vorzeigbare Gastronomie.

21___ Der Festungszaun

Historisch-zackig

Was macht ein Zaun mit einer Höhe von amtlich unzulässigen 2,10 Metern mitten zwischen den anderen Zäunen um die schönen Grundstücke im Forstwald, die sich alle penibel an die von der Stadt vorgegebene Marke von 1,20 Meter halten? Ganz einfach: er hält stand, das ist alles, was er neben „einfrieden" kann. Zunächst umstand er ein trutziges Kölner Bollwerk. In Köln hatten die preußischen Besatzer 1815 nach Napoleons Niederlage im belgischen Waterloo die französischen abgelöst. Sie ernannten Köln zur Festungsstadt und rüsteten es mit einem über 40 Kilometer langen Festungsring ein und auf. Dieser Ring wurde zusätzlich mit so genannten Forts und Zwischenwerken hinter schweren, geschmiedeten Festungszäunen gespickt und wirkte wehrhaft und abweisend, bis die Versailler Verträge nach dem Ersten Weltkrieg den Abbau dieser Befestigungen festsetzten.

Zuerst kam alles weg, was an betonarmiertem Festungskram ab 1914 nachgerüstet worden war. Dann sollten die historischen Bollwerke dran glauben. Aber Kölns junger Oberbürgermeister, Konrad Adenauer, sorgte dafür, daß ein Teil der geschichtsträchtigen Mauern erhalten blieb. Zu diesem Zeitpunkt war der alte Festungszaun bereits spurlos verschwunden. Und genau seit der Kölner Befestigungsbeseitigungszeit wird ein Grundstück an der Plückertzstraße in Forstwald, damals Vorst, jetzt Krefeld, von einem außergewöhnlich hohen und trutzigen, gußeisernen Zaun umstanden. Mehrfach sollte dieses alte Gitter weichen, aber es widerstand – in den 1930er und in den 1960er Jahren einer geplanten Straßenverbreiterung, während des Zweiten Weltkriegs dem Einschmelzen zum Rüstungsmaterial. Einmal abschreckende Wirkung, immer abschreckende Wirkung. Seinen wenig einladenden Charakter hat sich der alte Zaun bis heute erhalten, auch ohne diese langen, hervorstehenden Eisenspitzen, die ihn früher in gefährlicher Länge vor Übersteigern bewahrten, wie alte Fotos anschaulich belegen. Der piekige obere Abschluß ist jedoch geblieben und gewährleistet, daß nunmehr bereits der Enkel des Mannes, der Grundstück mit Zaun vor 60 Jahren erwarb, wie schon sein Großvater hinter der historischen Einfriedung sicher wohnt.

Adresse: Plückertzstraße 194; Bahn: RB 33 ab Krefeld Hauptbahnhof, (H): Krefeld Forsthaus

Tipp: Der Mammutbaum, der das Restaurant „Forsthaus“ überragt, ist über 180 Jahre alt.

22___ Der Flöthbach

Bessere Zeiten

„Vom Eise befreit" ist der Flöthbach seit die ehemalige, offene Hausmülldeponie am Flünnertzdyk begrünt und in „Kapuzinerberg" umgetauft wurde. Vor der Schließung der Müllkippe – die Umschreibung mit „Deponie" macht es nicht besser – wurde der ohnehin ungepflegte, verschmutzte Bachlauf am Fuß ihres nördlichen Hangs gern zur Entsorgung von Kühlschränken genutzt. Unter anderem. Trotz Nähe zu Wald und Feld war das alte Inrath mit der Freigabe des offenen Müllabladeplatzes im Jahre 1928 schwer geprüft, besonders bei Ostwind. Dieser Zustand änderte sich 1975, als der alte Stadtteil seinen Schwarzen Peter ans noch ältere Elfrath weitergeben durfte, wo sich seither am Rande des Naherholungsgebiets Elfrather See die Müllverbrennungsanlage um bürgerfreundlichere Müllentsorgung bemüht.

Sofort wurde am Inrath mit der Bepflanzung des häßlichen Stinkebergs begonnen. Die künstliche Erhebung wurde in „Kapuzinerberg" umgetauft und ein (Gipfel-) Kreuz wurde aufgestellt. Bald ließen viele kleine Bäume fast vergessen, was unter ihnen gärte, wären nicht in den 80er Jahren amerikanische Soldaten während einer NATO-Übung an den giftigen Schwaden aus der begrünten Ex-Deponie erkrankt. Schnellstens wurde das Areal abgesperrt und die Faulgase aus dem obendrauf begrünten, aber untendrunter giftigen Bergesinneren abgefackelt.

Jahre später wurde das Gelände für unbedenklich erklärt und wieder freigegeben, und endlich konnte sich das Augenmerk der Stadt auf den mitgenommenen Bach am Bergsaum richten, der in einer Zwangsjacke aus Spundbrettern ein trübes, begradigtes Dasein fristete. Der Fachbereich Grünflächen rückte als Retter an, säuberte das Wasser, entfernte das Bretterufer, ließ dem Bach freien Lauf und gönnte ihm Flutweiher und Bepflanzung mit allem, was in diesem Teil der Welt an ein Bachufer gehört.

Das Ergebnis zeigt, wie sehr sich die Mühe gelohnt hat. Das Wasser ist klar und darf sich innerhalb der natürlichen Grenzen der grünen Uferböschung seinen Weg selbst suchen. Ein Tummelplatz für Enten, Libellen, Kröten und Frösche, ein schützenswertes Stück Niederrhein, das mit Eis nur noch im Winter und in seiner natürlichen Form zu tun hat.

Adresse: Vobis; S-Bahn 044, Ⓗ: Kapuzinerkloster

Tipp: Natur-Denkmal am Johansen-Weg: die über 350 Jahre alte Eiche am Süd-Ost-Zipfel des Kapuzinerbergs.

23___ Das Grab von Dr. Johannes Johansen im Schönwasserpark

In Dankbarkeit

Dr. Johannes Johansen war ein Nordlicht. Krefelds Oberbürgermeister von 1911 bis 1930 stammte aus der Nähe von Rendsburg. 1911 folgte der Jurist, damals Bürgermeister von Minden, dem Ruf an den Niederrhein, wo man ihn im Dezember zuvor ins Amt des Bürgermeisters gewählt hatte. Im Januar bestätigte der preußische König – Wilhelm II., hauptberuflich Deutscher Kaiser – die Wahl und staffierte ihn mit dem Titel „Oberbürgermeister" aus, für die Krefelder Bevölkerung war er „dä dubbelde Schäng". Als Johansen das städtische Ruder übernahm, war alles im Lack, die städtische Wirtschaft blühte und die Stadt mit ihr.
1914 brach der erste Weltkrieg aus und endete vier böse Jahre später. 1918 verzog sich Wilhelm II. ins niederländische Exil, die Weimarer Republik übernahm. In Krefeld hatte Johansen das Ruder in der Hand behalten und steuerte so umsichtig durch die Nachkriegsjahre, daß er 1922 für zwölf weitere Jahre im Amt bestätigt wurde. Er bewältigte die Inflationsjahre und ihre katastrophalen Folgen und ließ, als die Wirtschaft langsam wieder Fahrt aufnahm, den unfertigen Grüngürtel der Stadt ausbauen. Der Schönwasserpark, 1912 als erster Volkspark an die Krefelder Bevölkerung übergeben, wurde erweitert, ein großer Teich angelegt und das Ganze durch ein kleines Tal mit dem Park um Burg Linn verbunden. Arbeitslose schaufelten im Dienst der Stadt – „Notstandsarbeiten" war das politische Wort für diese Zwangsleistungen, die der Arbeitslosigkeit Einhalt gebieten sollten.
1929 wird Krefeld nach Zwangsheirat zu „Krefeld-Uerdingen a. Rh.". Das Wappen wird ausgetauscht, ebenso die komplette Verwaltung samt Oberbürgermeister. Der Protestant Johansen wird noch eilig zum Ehrenbürger ernannt und dann fünf Jahre vor Ablauf seiner zweiten Amtszeit auf Betreiben der katholischen Zentrumspartei ersetzt. 1945, Wochen vor der Kapitulation, gründet Johansen gemeinsam mit Bürgermeister Stepkes die Krefelder Nothilfe, die zigtausend Menschen ein Dach über dem Kopf gibt, Essen und Kleidung – dies bis auf den heutigen Tag als „Krefelder Familienhilfe".
Nach einem Sturz leidet Johansen unter großen Schmerzen. Im Oktober 1945 nimmt er sich das Leben. Seine Urne wird hinter einer Grabplatte im Schönwasserpark beigesetzt, in der halbrunden Mauer, die die Terrasse am Ende der Platanenallee auf der Rückseite von Haus Schönwasser abschließt.

Adresse: Schönwasserstraße 1; S-Bahn 044, Ⓗ: Botanischer Garten

Tipp: Der Johansenweg beginnt neben dem denkmalgeschützten Rangshof, Inrather Straße 645 und endet am Römersee.

24___ Der Großmarkt

Oppum internäschenell

Im Anfang war die Großmarktkantine. Dort traf der Stadtrat auf den Elefantenwärter aus dem Zoo oder Eishockey-Fans auf Skatbrüder. Alle gemeinsam schätzten diese demokratischste aller Krefelder Kneipen, wo das Bier eine Mark, ein Schnaps eine Mark, ein Mettbrötchen eine Mark kostete. Die Großmarktkantine öffnete morgens um halb vier für die Großmarkthändler, auch wenn sie vielleicht kaum zwei Stunden vorher geschlossen hatte.

Mittlerweile hat sich am Großmarkt einiges getan: zunächst einmal siedelte sich am entgegengesetzten Ende dieses aufgelassenen Ladehofs ein griechisches Restaurant an. „Der Grieche" war im Großmarkt angekommen und etablierte sich mit gutem Essen und sehr freundlichem Service. Dann kam „der Vietnamese", zunächst als Lebensmittelgeschäft, mittlerweile auch mit gut ausgelasteter Imbißstube.

Mit der Zeit siedelten sich auch „der Italiener" und „der Spanier" an. Als alles sich gut eingelaufen und zur gemütlichen Flanier- und Futtermeile entwickelt hatte, hörte man plötzlich Stimmen, die davon sprachen, die Krefelder Feuerwehrwache an den Großmarkt zu verlegen. Allgemeines Kopfschütteln – sehr bald schwiegen die Stimmen wieder.

Inzwischen komplettieren ein türkisches Lebensmittelgeschäft, ein Geschäft für preiswerte Milchprodukte, eine Fischhandlung und eine Kleinkunstbühne die bunte Palette. Der Großmarkt ist einem Pensionisten-Dasein als vergessenes Arbeitsareal entkommen und wurde erfolgreich wiederbelebt. Nicht nur bei einer internationalen Fußballmeisterschaft ist es hier brechend voll. Aber dann besonders.

In der Kantine hat sich derweil dankenswerterweise kaum was geändert. Immer noch scheint im Sommer die untergehende Sonne am längsten auf die Tische und Bänke vor dieser Mutter der Großmarkt-Gastronomie. Immer noch gibt's Mettbrötchen, Frikos, Russen-Ei und Lachsersatz. Aber im Jahr 2002 wurde tatsächlich auch hier der Euro eingeführt und der Grundpreis für das unübertroffen frisch gezapfte und servierte Bier und vieles andere von einer Mark auf einen Euro umgestellt. Ansonsten alles beim Alten. Dies ist kein Ort, für den man sich aufbrezeln muss, um gesehen zu werden. In der Kantine herrscht keinerlei Kleiderordnung. Man geht einfach rein, klopft auf den Tisch und setzt sich dazu.

Adresse: Oppumer Str. 175; S-Bahn 044, Ⓗ: Großmarkt

Tipp: Die selbstgemachten Frikos!!

25___ Das Grotenburg-Schlößchen

Über den großen Teich

Im Krefelder Zoo steht ein Schloß. Genauer gesagt: ein Schlößchen, das den Namen der Familie Grotenburg, Bauern zu Bockum, trägt. Die Grotenburgs werden bereits 1528 in der Stadtchronik erwähnt. Ihr Bauernhaus bauten sie erst später, mittlerweile blickt es jedoch auf eine fast 250jährige Geschichte zurück.
1840 verkaufte Grotenburg-Nachfahre Peter Haus und Hof mitsamt angrenzenden Feldern an den Seidenfabrikanten und -händler Moritz de Greiff und der ließ sechs Jahre später auf dem früheren Ackerland sein „Grotenburg-Schlößchen" errichten. Die alte Bauernkate wurde zum Wirtschaftshof. Ums Schloß herum wurde der obligatorisch-herrschaftliche Park angelegt. Bereits 1877 entstand der erste Tiergarten auf dem weitläufigen Gelände, „Grotenburg-Park" getauft. Dieser Park reichte von der heutigen Violstraße bis zur Kaiserstraße, wo sich bis 2012 noch eine Pappel aus der Zeit der Parkgestaltung erhob. Es gibt architektonische Hinweise darauf, daß das klassizistische Schlößchen von Adolph von Vagedes, geistiger Vater der Krefelder Wälle, geplant wurde, und die Parkanlage von Maximilian Weyhe, dem Königlichen Gartenbaudirektor und Schöpfer des Düsseldorfer Hofgartens. Anders als im Fall der Parks von Haus Schönhausen oder Burg Linn gibt es für diese Urheberschaft jedoch keine Belege.
Diesen kleinen Makel macht eine Pause auf der Terrasse mit herrlichem Blick auf die Störche und Flamingos am Vogelteich mit Leichtigkeit wett. Die Kinder genießen den Spielplatz, und die Kaffeekränzchen erfreuen sich an Kuchen mit Sahne. Auch wenn die Stühle unter den großen Sonnenschirmen sich durch und durch neuzeitlich präsentieren – die Aussicht auf den Teich vor Schloßkulisse mit achteckigem Türmchen kann die Zoobesucher in eine andere Zeit versetzen.
1914 ging das Anwesen in den Besitz der Stadt Krefeld über. 1938 öffnete der erste Tierpark auf dem Gelände, die Restauration im Grotenburg-Schlösschen kam 1955 dazu. Grotenburgs kleines Bauernhaus war mal Kassenhäuschen, mal Stall, mal Wohnung des Zoodirektors. Ende des 18. Jahrhunderts bekam es einen zweistöckigen Fachwerk-Nachbarn verordnet. Als „ZooScheune" empfängt es Besucher von Ausstellungen und Vorträgen.

Adresse: Uerdinger Straße 377; S-Bahn 042, 043, Ⓗ: Grotenburg/Zoo

Tipp: Der Krefelder Zoo bietet Affentropenhaus, GorillaGarten, Regenwaldhaus, Schmetterlingsdschungel und noch viel mehr!

26___ Gründerzeit, Jugendstil, Klassizismus

Krefelder Visitenkarte

Am Anfang des 20. Jahrhundert war Krefeld eine reiche Stadt. Stolze Häuslebauer konnten damals gar nicht genug Erker, Schnörkel, Blumen und andere Verzierungen in Stuck an ihre neuen Domizile anbringen lassen. Am liebsten in Weiß, oder auch in Gold. Das mit kompletten Straßenzügen in Stuck geschmückte Krefeld wurde während dieser Zeit „Weiße Stadt" oder auch „Zentrum des deutschen Jugendstils" genannt. Die große Schar der schwelgerisch verzierten Häuser war nach dem Zweiten Weltkrieg gehörig dezimiert. In den verbliebenen Jugendstil-Villen mochte niemand wohnen, denn die Räume waren schwer zu heizen, unpraktisch zu putzen, zu groß, zu hoch. Also wurden viele Stuckdecken abgehängt, das Parkett unter Linoleum versteckt und die großen Räume mit Gipswänden verkleinert, die moderne Zeit hielt Einzug. Doch manche ließen ihre alten Schätzchen und den altmodischen Stuckschmuck wie sie waren, scherten sich nicht um die Mode und wurden viel belächelt von den Modernisierern, die munter die Verzierungen in und an den Häusern abschlugen.
1973 dann die Wende: die Stadt Krefeld rief anläßlich der Feier ihres 600-jährigen Bestehens einen Fassadenwettbewerb ins Leben – „Schöneres Krefeld". 353 Hauseigentümer nahmen teil. Im nächsten Jahr hatte sich die Zahl der Teilnehmer fast verdoppelt, im August 1976 war von den 15.000 in Krefeld erhaltenen alten Häusern mit Fassaden aus Gründerzeit, Jugendstil oder Klassizismus bereits jedes 6. restauriert. 1022 Urkunden wurden in diesem Jahr vergeben, die gekürten Fassaden mit Landeswappen auf weißem Email-Schild geschmückt. Eine solche Erhebung des Hauses in den Adelsstand ist teuer, obendrein bedeutet die Bezeichnung „Denkmal" auf dem Schild neben der Tür, daß der Denkmalschutz jeglicher baulichen Veränderung zustimmen muß. Der Gewinn des Fassadenwettbewerbs – 1000 Euro (vorher 1000 D-Mark) – für die Renovierung eines Jugendstilhauses kann nur einen winzig kleinen Teil des finanziellen Aufwands auffangen. Trotzdem stellten bis Ende 1977 3600 Idealisten ihre Häuserfassaden detailgetreu wieder her. Nur zwei Jahre später waren es bereits über 5000. Als der Wettbewerb 1984 ein Revival erleben sollte, spiegelte die geringe Teilnahme das Ende der goldenen Jahre in Krefeld, den Niedergang der Krefelder Textilindustrie. 1992 gab es immerhin schon wieder 85 Teilnehmer. Nicht nur an der Uerdinger Straße, sondern überall in der Stadt.

Adresse: überall in der Stadt. Einfach hochgucken!

27___ Der Hauptbahnhof

Fernweh

„Nächste Station: Krefeld-Hauptbahnhof!" Und was für eine Station den Reisenden da erwartet! Die Sandsteinfassade überstand den Krieg unzerstört, sogar der Preußenadler mit Zepter und Reichsapfel in den Klauen sowie den ineinander verschlungenen Buchstaben „F" und „R" für „Fridericus Rex" ist noch da und verweist auf König Friedrich II. von Preußen. Nun war der Alte Fritz bei der Eröffnung des Hauptbahnhofs im Jahr 1907 bereits 121 Jahre tot, aber einer seiner Nachfahren herrschte mit gleichem Familienwappen als Kaiser Wilhelm II. über Deutschland und hätte die schöne, neue Bahnstation prunkvoll eröffnen können. Aber Majestät blieb im Berliner Schloß, und der Krefelder Bahnhof wurde nicht eröffnet. Jedenfalls nicht offiziell.

Ohne feierliche Einweihungszeremonie fand die Seidenstadt daher spät und unauffällig Anschluß an die großen deutschen und europäischen Strecken. Dafür wurde sie auch früh und mindestens so unauffällig wieder abgehängt. Zwar werden in Krefeld-Uerdingen nach wie vor Deutschlands modernste Züge hergestellt, doch wenn sie die Hallen der Rheinstadt erstmal verlassen haben, kehren sie nie mehr zurück, die ICEs. Höchstens mal zur Reparatur nach Krefeld-Oppum. Ebenfalls in Uerdingen hergestellte Regionalzüge halten dagegen tatsächlich ab und an in dem pompösen Gebäude am Ende des Ostwalls. Hamburg, München, Amsterdam oder Paris erreichen Bahnreisende aus Krefeld nur nach mehrfachem Umsteigen. Kaum einer hat einen Blick für die geschwungenen Decken der hohen Halle, oder ihre Mosaike und Malereien, zu denen die hingeklatschten, dusteren Schachteln aus Pappmaché, in denen das „DB-Reisezentrum" residiert, einen ruppigen Widerspruch bilden. Die Stuckverzierungen des zur Tanzschule umfunktionierten Wartesaals sind unter Isolierung verschwunden, selbstöffnende Glasportale haben die unhandlichen Schwingtüren aus poliertem Holz im Sandsteinportal ersetzt. Im Jahr 2007 hätte es was zu feiern gegeben, aber auch auf seine 100-Jahr-Feier wartete der Hauptbahnhof vergebens. So thront er denn weiter über dem Gewirr der Oberleitungen und hofft darauf, daß die jährlich stattfindenden Verschönerungsarbeiten am Ostwall auch mal wieder bis zu ihm vordringen. Bis dahin darf man es ruhig mal bewundernd betrachten, das schöne Bauwerk. Es wäre wirklich mal an der Zeit.

alle S-Bahnen, Ⓗ Hauptbahnhof

Tipp: Die alte Modelleisenbahn in der Schalterhalle!

28___ Haus Lange und Haus Esters

Mies and more

Die Eigentümer der ehrwürdigen Villen an der Wilhelmshofallee erkannten Ludwig Mies van der Rohe wahrscheinlich nicht, als er in den 1920er Jahren mit Bauplänen unter dem Arm in ihrem eleganten Viertel eintraf. Die Herren Esters und Lange, Direktoren der Vereinigten Seidenwebereien Krefeld, hatten sich bei dem Avantgarde-Architekten zwei Wohnhäuser im neuen, sachlichen Bauhaus-Stil bestellt. Mit Flachdach! In den behäbigen Jugendstil-Residenzen der großbürgerlichen Nachbarschaft entsetzte man sich gut erzogen im Stillen. Wenn überhaupt. 1930 fuhren die Möbelwagen vor und die Geschwisterbauten des Bauhaus-Stars wurden erstbezogen.
Sie gleichen sich zwar nicht aufs Haar, doch sind sie sich sehr ähnlich. Bei beiden sind Gebäude und Gebäudeflügel wie verschieden große Schachteln ineinander gesteckt, beide geben sich zur Straße hochgeschlossen. Nach Süden, zu den ebenfalls von Mies van der Rohe geplanten Gärten, öffnen sie sich. Riesige Terrassen, große Glasfronten. Im Erdgeschoß sind Haus und Park größtenteils nur durch Glas getrennt, und seit 2011 schnurren die Hebefenster wie ehedem nach Sanierung ihres Antriebsmechanismus sogar wieder auf Knopfdruck in den Boden.
Entlang der Wände in den Wohnräumen legen weiß übertünchte Messingstangen Zeugnis ab von der Sammelleidenschaft der früheren Hausherren, beide geachtete Kunstkenner und – mäzene. Die Stangen haben die Backsteinwände trotz regelmäßiger Ausstellungen nicht nur vor Löchern für Bildernägel bewahrt: sie lassen den jeweiligen Wandbehängern vor allem völlige Freiheit bei der Höhe und Position der ausgestellten Werke.
Anfang 1945 zogen die britischen Besatzer in die Esters-Villa, Esters zogen ins kleine Gartenhaus. Sie durften das Bad im Nachbarhaus benutzen, das die verwitwete Frau Lange, geborene Lloyd, inzwischen allein bewohnte. Sie blieb vom Militär unbehelligt. Als die Familie Esters 1956 in ihre Villa zurückkehrte, hatten die Nachbarn ihr Domizil lange verlassen. Der Klinkerbau wurde für Ausstellungen genutzt und ging 1965 als Schenkung ins Eigentum der Stadt Krefeld über, die zehn Jahre später Haus Esters dazu kaufte. Seit 1984 stehen diese beiden Vorzeigeobjekte des Bauhausstils unter Denkmalschutz. Drei Jahre zuvor hatte man sie mit einer Mies-van-der-Rohe-Ausstellung ihrer neuen Bestimmung als Museen übergeben.

Adresse: Wilhelmshofallee 97; Bus: 054, Ⓗ : Haus Lange

Tipp: Das Gartenhaus der Villa Esters wurde bereits vor den Bauhaus-Villen errichtet und hat seine ganz eigene Geschichte.

29___ Haus Rath und seine alte Eibe

Unzertrennliche Jubilare

Wie kam die Eibe nach Haus Rath? Wurde sie mit der Schaufel eingepflanzt, oder mit dem Pfeil, wie es die Sage gern hätte? Ein Ritter aus dem benachbarten, sprich verfeindeten Linn soll jedenfalls einen Pfeil aus Eibenholz auf Haus Rath abgeschossen haben, der sein Ziel zwar verfehlte, dafür aber an Ort und Stelle Wurzeln trieb und sich mittlerweile zu einer mehr als bejahrten Eibe ausgewachsen hat.

Es ist eine Tatsache, daß sich das biegsame Eibenholz hervorragend für die Herstellung von Pfeil und Bogen eignet. Die Eibe war daher als hoch geschätzte Begleitung des Ritters in Waffenform gebracht ständig an seiner Seite. Mit der Erfindung der Feuerwaffen begann der Niedergang von Pfeil und Bogen, Ritter und Eibe, und die Eibenhaine für den Waffennachschub verwilderten mit den Ritterburgen um die Wette.

Der Abstieg der Rittergüter setzte ein und so präsentierte sich auch Haus Rath Anfang der 1990er Jahre baufällig bis abbruchreif. Eine äußerst aufwendige und kostspielige Kernsanierung war die einzige Möglichkeit zur Rettung des zerbröselnden, mittelalterlichen Gemäuers. Die alte Eibe dagegen benötigte nur ein paar dieser so genannten Anker, die ihrer altersbedingten Neigung zum Auseinanderbrechen inzwischen energisch, wenn auch nicht sehr gefällig Einhalt gebieten. Die Alterserscheinungen lassen sich halt irgendwann nicht mehr vertuschen. Schließlich wird die alte Eibe von schmeichelhaft jungen 450 Jahren bis auf schwer belegbare 1200 Jahre geschätzt. Die Wahrheit liegt wahrscheinlich irgendwo dazwischen. Mit Sicherheit ist nicht mehr zu bestimmen, wann das knorrige Gewächs den ersten Frühling sah. Zur wissenschaftlichen Erhebung fehlt der Stammkern, die Jahresringe sind nicht mehr komplett, was für ihre Zählung rundweg unerläßlich ist.

Jedenfalls ist sie alt, diese historische Zierde des Stadtteils Elfrath. Und sie ist noch da. Wer sich davon überzeugen möchte, sollte die hochbetagte Burganlage diskret betreten, oder um Erlaubnis fragen, denn Haus Rath gehört mittlerweile einer Eigentümergemeinschaft. Aber man ist stolz auf die hölzerne alte Dame und zeigt sie gern her.

Adresse: Alte Rather Straße 205-219; Bahn 042, Ⓗ: Elfrather Mühle

Tipp: Die Elfrather Mühle ist die größte erhaltene Mühle in Krefeld.

30___ Das Heiligtum

Römer in Elfrath

„Zur Eibe" heißt das Sträßchen. Namensgeber ist der uralte Baum neben Haus Rath. „Zum Heiligtum" wäre ein mindestens gleichwertiger Name gewesen, denn in unmittelbarer Nachbarschaft von Wohngebiet und Eibe wurde bereits vor fast 2000 Jahren verschiedenen Göttern gehuldigt.
Als Elfrath Ende der 1980er Jahre eine eigene Sportanlage bekommen sollte, sondierten zunächst Archäologen das Terrain, das schon einige römische Fundstücke freigegeben hatte. Keine große Sache im Rheinland, wo römisches Erbe fast täglich zurück ans Tageslicht gelangt, sei es nun bei ernstzunehmender Archäologie oder bei der Gartenarbeit.
Die Grabungen in Elfrath führten zu einer erstaunlichen Erkenntnis: nicht Römer, sondern Germanen waren die Erstnutzer des Geländes, das heute von Werner-Voss-Straße, An der Elfrather Mühle, Charlottering und Rather Straße begrenzt wird. Als die Römer im zweiten Jahrhundert an diese Stätte kamen, diente sie bereits den germanischen Göttern als Wohnsitz. Man hatte ihnen einen Huldigungshain eingerichtet, komplett mit Esche im Zentrum als sichtbarem Zeichen des germanischen Baumkults und Versammlungsort des Gerichts, „Thing" genannt. Die staunenden Archäologen konnten darüber hinaus anhand von Funden einen Brunnen nachweisen, sowie Steine zum Getreideschroten und Öfen.
Die Römer annektierten die Germanen und setzten einen Tempel auf das Gelände. Der freundliche Hain mußte weichen, die Esche fand sich neben kantigen, akkurat ausgerichteten Quadern wieder. Fünf Eschenblätter im Mörtel zwischen den ordentlich aufgemauerten, römischen Tempelsteinen sind der Beweis dafür, daß der heilige Baum der Germanen bereits stand, als die Römer mit dem Tempelbau begannen. Im dritten Jahrhundert griffen römische Legionen unter der Führung des selbst ernannten Gegenkaisers Postumus an, besiegten die ortsansässigen Landsleute und zerstörten ihren Tempel.
Von Thing und Tempel ist nicht viel geblieben. Daher hat die Stadt Krefeld an der alten Kultstätte die Grundrisse des römischen Tempels aufmauern lassen. Eine einsame Esche wacht über das wenig besuchte, geschichtsträchtige Viereck.

Adresse: Zur Eibe; Bahn 042, Ⓗ: Elfrather Mühle

Tipp: Abstecher zu Haus Rath

31___ Der Herbert-Casemir-Gedenkstein

Spinnefreund

Im Herbert-Casemir-Wald am Falkenbergsdyk erinnert ein kleiner Findling, Botschafter der letzten Eiszeit, inmitten einer Buchengruppe an den Spinnenforscher aus Königsberg. Auf der kleinen Waldparzelle, mittlerweile Eigentum des NABU, durften sich neben den Buchen auch einige unvermeidliche Birken sowie eine Reihe von Erlen ansiedeln. In unmittelbarer Nähe der Erlen glitzert hin und wieder ein spärliches Tümpelchen. Meist als Feuchtgebiet kaum zu erkennen, weist es trotz tiefer Lage im einstmals sumpfigen Bruchgebiet mittlerweile erst nach sehr starken Regenfällen einen niedrigen Wasserstand auf.

Zu Herbert Casemirs Zeiten stellte sich diese Situation ein wenig anders dar: 1950 durfte der kleine See noch mit Fug und Recht als veritables „Gewässer" bezeichnet werden, an dessen Ufern der studierte Mathematiker und Biologe erstmals nach 1870 mit der „Theridiosoma gemmosum" die kleinste Zwergkreuzspinnenart nachwies. Die Spinnenforschung freute sich mit dem Wiederentdecker – sie hatte die Art bereits lange verloren geglaubt.

Der damals 45-jährige Casemir hatte 1946 den weiten Weg von Ostpreußen an den Niederrhein nach seiner Entlassung aus russischer Kriegsgefangenschaft zu Fuß bewältigt, denn seine Familie hatten die Kriegswirren nach Hüls verschlagen und sie war dort gern aufgenommen worden. Auch Casemir wurde von den Hülsern willkommen geheißen und umgehend trug man dem studierten Flüchtling den vakanten Posten des Volksschullehrers an. Casemir willigte ein, wechselte allerdings 1949 an die Realschule, wo er bis zu seiner Pensionierung unterrichtete.

Neben der „Theridiosoma gemmosum" entdeckte der beharrliche Arachnologe auch mehrere andere Spinnenarten, aber die winzige Kreuzspinne blieb seine größte Entdeckung.

Seit dieser Zeit haben sich die botanischen Gegebenheiten im Hülser Bruch geändert. Der Grundwasserspiegel ist abgesunken, Feuchtgebiet und Tümpel sind häufig ausgetrocknet, und es ist bereits eine ganze Weile her, daß eine bestimmte kleine Spinnenart sich an dieser Stelle gezeigt hat. Vielleicht kreuzt sie ja eines Tages wieder auf.

Adresse: Talring Bus 060, Ⓗ: Papendyk

Tipp: Gegenüber liegt die „Gustav-Becker-Heide". Wäldchen und Heide werden von den NABU-Naturfreunden liebevoll und sachkundig gepflegt.

32___ Der Hermann-Kresse-Weg

Aussichtsreich

Er beginnt am Fuß der Brücke, die für Fußgänger und Radfahrer den Stadtwald mit Verberg verbindet und folgt der ehemaligen Trasse der Straßenbahnlinie 12 von Krefeld nach Moers. Zunächst geht es an der Holtmoers Kull entlang, einem von vielen kleinen Seen, Teichen, Weihern, die das Niederrheinische in dem Wort „Kull" zusammenfaßt. Diese Gewässer bilden die Niepkuhlen. Sie erstrecken sich bis Rheinberg und Kevelaer. Einst floß hier der Rhein und hinterließ bei seinem Rückzug ein einzigartiges Naturschutzgebiet. Die Holtmoers Kull endet an der Heyenbaumstraße. Auf der anderen Straßenseite teilt sich der Hermann-Kresse-Weg die Strecke mit dem Verberger Baumlehrpfad, kleine Tafeln geben Auskunft über Namen, Herkunft, bevorzugten Standort und mögliche Nutzung der Bäume. Nach wenigen hundert Metern weist ein nüchternes Stahlgeländer den Weg zur schwimmenden Aussichtsplattform in der Verberger Kull, einem der schönsten Fleckchen des mit Schönheit ohnehin reich gesegneten Hermann-Kresse-Wegs. Hier ist es sogar bei Regen romantisch – von Sommerabenden und Vollmond ganz zu schweigen. Ein Stückchen weiter liegen einige Asch-Weiden wie hindrapierte Filmkulissen im Wasser, auf der gegenüberliegenden Seite spiegelt sich eine riesige Trauerweide in der Kull. Ein Maulbeerbaum am Weg erinnert an die seidige Krefelder Vergangenheit, von seinen Blättern ernährt sich die Seidenraupe am liebsten. Nächste Kreuzung: Busenpfad. Es lohnt sich, dieser kleinen Straße einige Meter nach rechts zu folgen, um vom Tor aus einen Blick auf das denkmalgeschützte Haus Scheven zu werfen. Hermann Kresse war der Gärtner, der den großartigen Park um das Anwesen anlegte. Angesichts von Park und Haus scheint die Krefelder Innenstadt in weite Ferne zu rücken. Sicher verwehren die alten Eichen den Bewohnern sogar noch im obersten Stock gnädig den Blick auf die schlimmste, größte und höchste städtische Bausünde am Bleichpfad.

Der Hermann-Kresse-Weg endet an der Moerser Landstraße. Vorher setzt er mit den Riethbenden noch einen eindrucksvollen Schlußakkord, ganz in Schilf, Röhricht, Weiden- und Erlenbruch. Rechts vom Weg führt ein verträumtes Holzbrückchen über die Riethbenden Kull.

Bus 052, Ⓗ: Busenpfad

Tipp: Einkehr bei Haus Ritte, Traditionshaus an der Kreuzung von Busenpfad und Moerser Landstraße.

33___ Die Hülser Klausur

Beginenhof

Seit 1398 führt die Hülser Klausur ein bescheidenes Dasein hinter Sankt Cyriakus. Immer wieder wurde sie im Lauf der vergangenen 600 Jahre durch Kriege und Brände schwer beschädigt, jedes Mal unverdrossen wieder aufgebaut. Auf Anordnung der Besatzer aus dem revolutionären Frankreich wurden die Gebäude ab Anfang des 19. Jahrhunderts teilweise zur Schule umfunktioniert. Kurz darauf mußten einige der Klausur-Häuschen der Hülser Bürgerschaft für den Neubau der Kirche geopfert werden. 1944 wurde die Schule geschlossen, der Rest der historischen Klausur verfiel. Erst 1984 wurde dieser älteste Teil von Hüls restauriert. Der Weg ins Hülser Mittelalter führt an der Kirche vorbei, ein Stückchen die Rektoratsstraße hinunter und dann über die historisch-holprigen Pflastersteine der Gasse „Zur Klausur" zu einem imposanten Durchlaß in der Häusermauer.
Dies ist der Eingang des früheren Beginenhofs. Beginen waren unverheiratete Frauen oder Witwen, die sich im 12., 13. und 14. Jahrhundert in geschlossenen Wohnanlagen zu frommem Miteinander zusammenfanden. Das Land für den Hülser Beginenhof stiftete Geldolf von Hulse, Herr der Hülser Herrlichkeit, mit Sitz auf der Hülser Burg. Zu dieser Zeit war Gelfolfs Herrlichkeit noch keine eigenständige Pfarre und hatte demzufolge auch keinen eigenen Pfarrer. Zum Kirchendienst war vom Bischof ein Diözesanpriester eingesetzt, der dem zum Beginenkonvent „Von der Verkündigung Mariens" avancierten Beginenhof vorstand und über die Einhaltung der strengen Ordensregeln wachte. Die tugendhaften Beginen lebten christliche Nächstenliebe, versorgten alte Menschen mit Nahrung und pflegten sie. Nicht ganz uneigennützig, denn es galt das ungeschriebene Gesetz, die Beginen für ihre guten Taten im Testament zu bedenken. Mit der Klausur, dem Fachwerk, den niedrigen Fenstern und den schmalen Türen hat sich Hüls einen Teil seiner Geschichte bewahrt. Zwischen den roten Ziegeldächern sticht eines mit besonders hohen Fenstern hervor: die ehemalige Klosterkapelle der Beginen. Ein zweites, großes Tor gibt den Blick in einen weiteren Innenhof und auf die Kirche frei. Die Klausur ist ein verwinkeltes Areal, jedoch klein genug, um sich nicht darin zu verlaufen.

Adresse: Zur Klausur; S-Bahn 044, Ⓗ: Hüls Betriebshof (Endstation)

Tipp: In der Adventszeit wird eine Krippe mit Figuren in Lebensgröße in der Klausur aufgebaut. Der Aufbau folgt der Weihnachtsgeschichte, an jedem Adventssonntag kommen die entsprechenden Figuren dazu.

34___ Das Kaiser-Wilhelm-Museum

Verrückter Kaiser

Das Kaiser-Wilhelm-Museum ist ein einziges großes Denkmal, zu Ruhm und Ehre Wilhelms I. erbaut und daher nach ihm benannt. Nach dem Tod des Kaisers 1888 verbanden die Krefelder geschickt das Schöne mit dem Nützlichen und servierten nach mehreren erfolglosen Anläufen die Pläne zum Bau eines Gewerbe- und Kunstmuseums gut gewürzt mit Volkstrauer und Patriotismus der Stadtverordnetenversammlung zur Abstimmung. Die konnte schwerlich ablehnen und stimmte dem Bau zu. Ein Abbild des Kaisers sollte die Begriffe „Denkmal" und „Museum" sichtbar miteinander verknüpfen. So nahm der 3,60 m hohe Marmorkaiser zur Eröffnung 1897 an der Stirnwand des Museums Aufstellung und ließ seinen Blick erwartungsgemäß hoheitsvoll über seine Untertanen, sowie den Eingangsbereich und Marmortreppe schweifen.

Museum und Kaiser überstanden den Krieg unverletzt. Und nachdem das Museum 1960 geschlossen und saniert worden war, zeigte die Wiedereröffnung ein Gebäude mit moderner Treppe, aus dem man die schwülstigen Marmortreppen ebenso entfernt hatte wie die unpraktisch-generöse Freitreppe vor dem Eingang. Endlich konnte der Westwall für den Verkehr verbreitert werden. Auch den Kaiser wollte die moderne Leichtigkeit nicht mehr haben, er wurde verbannt. Exil-Adresse: Kaiser Wilhelm I., Holzkiste, Husarenkaserne, Westparkstraße, Krefeld. 1979 holte man den Kaiser aus der Kiste und stellte ihn in gut gemeinter Geste in den Grünstreifen vor die Nordfassade des Museums.

Dort wundern sich aufmerksame Passanten über die eigenartigen kaiserlichen Proportionen. Majestät fehlt nämlich ein Sockel, denn man soll zu ihm aufschauen, dann klappt's auch mit der Proportion. Aug' in Aug' ist schon protokollarisch schlichtweg unmöglich. Weiterhin unmöglich an diesem niederen Standort ist die öffentlich zur Schau gestellte kaiserliche Rückseite, die für den ursprünglichen Standort nur grob bearbeitet wurde. Außerdem benutzen Tauben den Kaiser für ihre Geschäfte und Schmierfinken für ihre Schmierereien. Hoffentlich haben die Krefelder ein Einsehen und Majestät darf eines schönen Tages zurück in das Museum, das schließlich immer noch seinen Namen trägt.

Adresse: Karlsplatz 35; Bus 051, Ⓗ: Karlsplatz

Tipp: Der Krähenzaun hinter dem Museum sowie selbstverständlich seine Kunstschätze von Monet bis Beuys.

35___ Et Klöske

Der Heilige Nikolaus und drei Jungs im Faß

Angefangen hat „Et Klöske" vor über 600 Jahren im späten Mittelalter als Hospiz zum Heiligen Michael. Vier Jahrhunderte lang wurden dort Kranke gepflegt und gesunde Gäste beherbergt und verköstigt. Ende des 18. Jahrhunderts hatte es ausgedient und der Abbruch der altersschwachen Gebäude wurde angeordnet und ausgeführt. Kapelle und Wohnhaus blieben, ein nahes Franziskanerkloster übernahm die Aufgaben des alten Hospizes. Nach Auflösung des Klosters durch die napoleonische Besatzung übernahm wieder das Hospiz, beziehungsweise das, was von ihm übrig geblieben war.
1814 tritt der Rhein über die Ufer, fließt durch die Uerdinger Innenstadt und flutet die Uerdinger Pfarrkirche. Eine Holzfigur des Heiligen Nikolaus von Myra wird aus dem Wasser gerettet und an der Stirnwand des ehemaligen Gasthauses zum Heiligen Michael aufgestellt. Sie gibt dem alten Hospiz einen neuen Namen: „Et Klöske". Und dieses „Nikoläuschen" tut auf seinem Weg ins 20. Jahrhundert unter anderem Dienst als Spritzenhaus, Lager, Schule, Gefängnis und Wohnhaus.
Der Zweite Weltkrieg lässt „Et Klöske" nicht ungeschoren, seit den 50er Jahren wird mit kurzen Unterbrechungen renoviert. 1970 zieht der Nikolaus von der Fassade in die alte Kapelle um. Die Hauswand ziert seither eine Kopie und zeigt originalgetreu den Heiligen mit Bischofsstab und neben ihm ein kleines Faß, in dem drei Knaben sitzen. Die Statue veranschaulicht eine haarsträubende Legende, nach der der Heilige Nikolaus drei von einem bösartigen Gastwirt zerstückelte und eingepökelte Kinder wieder zum Leben erweckte.
Seit 2003 sorgt die Gesellschaft Schlaraffia Crefeldensis mit großem Einsatz für den Erhalt des Denkmals und sicherte beispielsweise mit erheblichem Aufwand von den originalen Secco-Malereien, was die Jahrhunderte übrig gelassen hatten. Den Uerdingern bescherten die Schlaraffen während des Martinszuges 2011 eine besondere Freude: nach der Renovierung von Dach und Glockentürmchen durfte an diesem Abend zum ersten Mal nach 23 Jahren die kleine Glocke wieder läuten. Ein ganz besonderer Moment im langen Leben von „Et Klöske".

Adresse: Oberstraße 29; Bus 059, Ⓗ: Am Wallgarten, S-Bahn 043, Ⓗ: Am Röttgen

Tipp: Vor dem Eingang informiert eine Stahl-Stele über Lage und Bedeutung von „Et Klöske" an einem der sechs europäischen Jacobs-Wege.

36___ Die Knalljass

Laut und leise

Offiziell ist sie namenlos, im Fischelner Amtsdeutsch wird sie „Fußweg zwischen Clemensstraße und Odenthalstraße genannt". Im Volksmund trägt sie den Namen „Knalljass", oder auch „Knalljazz", denn die endgültige Antwort auf die Frage, ob an das Wortende ein Doppel-s, Doppel-z, oder gar „tz" gehört, ist noch nicht abschließend gefunden. Auf jeden Fall gehört sie zu den malerischsten Stationen des historischen Rundwegs, den die Fischelner Bürger-Schützen-Gesellschaft ihrem Heimatort anläßlich ihres 560-jährigen Gründungsjubiläums verehrt hat. Ein enger Durchlaß eigentlich, Kopfsteinpflaster, Backsteinwände mal rechts, mal links, mal auf beiden Seiten. Die Gasse lag in früheren Zeiten zwischen Beeker- und Saassenhof und ist kaum 100 Meter lang. Selbst an ihrer breitesten Stelle trennen maximal drei Meter Wand von Wand. Geschmiedete Eisenanker halten die Eichenbalken, auf denen hinter den Mauern die Bodendielen verlegt sind, zuverlässig an ihrem Platz. Die halbrunden Fensterchen sorgten für Licht in den Ställen darunter, die mittlerweile als Wohnraum oder Ateliers fungieren. Auf der Ecke zur Clemensstraße schließt der sehr gewissenhaft instand gehaltene Beekerhof – jetzt: Bäkerhof – aus dem Jahre 1771 das Sträßchen ab. Das ist jedenfalls die Jahreszahl an der Fassade über der Eingangstür an der Clemensstraße. Die Mauer unter dem Treppengiebel zur Knalljass-Seite hin wurde 50 Jahre früher errichtet und trägt die Zahl „1721".
Historisches Fischelner Ambiente. Und mittendrin die Knalljass. Hier ging es oft geräuschvoll zu, nicht nur, wenn sich das Vieh in früheren Zeiten auf seinem Weg zu den Weiden durch die Gasse drängte. Das lauteste Geräusch aber verursachten die Fischelner Bauernjungs und –mädchen, denn sie klapperten auf Holzschuhen über das Pflaster, erzeugten dabei dieses Geräusch, das sogar dann noch von den Wänden zurückgeworfen wurde, wenn sich die eiligen Füße lange verzogen hatten. In den Abend- und Nachtstunden konnte die Jugend freilich auch ganz leise sein. Dabei ging es weniger um Rücksichtnahme als um Herzensangelegenheiten. Die „Knalljass" könnte nämlich ebenso gut „Knutschjass" heißen. Und zwar bis heute.

S-Bahn 041; Ⓗ: Clemensstraße

Tipp: Das Heft „Historischer Rundgang" halten viele Geschäfte in Fischeln kostenlos für Besucher bereit.

37___ Die Krähen

Krefelder Schwarm

Rabenvögel sind sie alle, Raben eher größer, Krähen eher kleiner. Wie die großen Kollegen sind Krähen gemeinhin bekannt als schlau, verspielt, mutig, frech, mit einer gewissen Neigung zur Extrovertiertheit. Die Schwarmintelligenz eines Krähenzusammenschlusses ist hoch, kann in Ausnahmefällen sogar die Kategorie „sehr hoch" erreichen. Und das Kabarett „Die Krähen" ist ein Ausnahmeschwarm: eine kleine Schar von Amateur-Kabarettisten, mit allen Krähen-Eigenschaften ausgestattet, nicht zuletzt mit dieser gewissen Neigung zur Extrovertiertheit. Denn Textsicherheit allein hilft nicht, wenn man eine Bühne betreten und bespielen will.

„Krähenvater" Jochen Butz hat seine kleine, schwarzgefiederte Nebenfamilie 1985 gegründet. Er setzte Maßstäbe für alle späteren, gemeinnützigen Kabaretts, denn sein Schwarm hatte sich von der ersten Vorstellung am umsichtigen Sozialverhalten der Namensvettern orientiert. Der Reinerlös aller „Krähen"-Auftritte geht an wohltätige Einrichtungen. Diese Hilfe kommt Kindern in Not zugute, aber auch Senioren, Kulturprojekten, dem Krefelder Hospiz oder Opfern der Flutkatastrophe in Ostdeutschland.

Für über 300.000 Euro haben „Die Krähen" mit ihren erfolgreichen Programmen bislang Gutes getan, gemeinsam mit ihrem Publikum, das mit jedem neuen Programm zunimmt. Bei der Anfangsveranstaltung im Krefelder Traditionsbetrieb „Herbst Pitt" vor einer überschaubaren Gästeschar von unter 150 Personen hätte man nicht zu hoffen gewagt, daß mittlerweile regelmäßig mehr als fünf mal soviel Zuschauer kommen. Krefelder lassen sich die amüsanten Szenen und Lieder zu Themen aus ihrer Heimat nicht entgehen, aber auch aus dem Umland reisen immer mehr „Krähen"-Freunde an.

Seit 2005 vergibt die Truppe jährlich einen eigenen Kabarettpreis, die „Krefelder Krähe" – in geraden Jahren an den Nachwuchs, in ungeraden an einen prominenten Kabarettisten. 2012 trug Dieter Nuhr Sieg und Krähe davon. Voraussetzung für die Teilnehmer: sie müssen vor allen Dingen schlau sein, verspielt, mutig und frech. Und auch irgendwie einmalig, genau wie „Die Krähen".

Die Krefelder Tagespresse gibt alle Veranstaltungshinweise und Informationen zu „Krähen"-Programmen und Auftritten.

Frisch
KRÄHIERT
PROGRAMM 2011/12
SAAL GITZ
SAAL GITZ
TURNERSCHAFT ST. TÖNIS
TURNERSCHAFT ST. TÖNIS

38___ Krieewelsche Pappköpp

Quietschfidele Strippenzieher

Der Denkmalschutz unterscheidet zwischen unbeweglichen und beweglichen Denkmälern. „Sehr beweglich" ist als Kategorie nicht vorgesehen, daher scheiden die „Krieewelsche Pappköpp" für alle Zeiten als Denkmalaspiranten aus. Vielleicht haben sie das bei der Gründung im Jahr 1978 bereits billigend in Kauf genommen und basteln seither selbst an einem Denkmal. Nicht für sich selbst, beileibe nicht! In ihren Programmen heben sie nur eins aufs Podest, nämlich die Krefelder Mundart, „Krieewelsch Platt".

Ihre Geschichten beschäftigen sich mit Alltäglichem, scheuen jedoch weder vor Weltgeschichte noch vor lokalen Größen zurück und kommentieren mit Augenzwinkern.

Die Vortragenden sind durch die Bank Krefelder Originale, allen voran dä Matthes und dä Schäng. Die Weiblichkeit im Ensemble vertreten Sting und Cilly, das „c" krefelderisch korrekt wie mindestens zwei „z" hintereinander ausgesprochen. Zu ihnen gesellen sich viele andere, darunter Opa Angermanns, Frau Nöthenbaum und dän Drickes. Die Größe des Ensembles würde jede Art der Subventionierung rechtfertigen, aber die Pappköpp kommen völlig ohne staatliche Unterstützung aus. Ihre Protagonisten sind genügsam, essen nicht, trinken nicht, und gehorchen aufs Wort, denn ihre Leiber sind aus Pappmaschee und kommen erst in die Gänge, wenn die großen Pappköpp hinter der Bühne ihre Marionettenkreuze zur Hand nehmen. Die „Kleinen" unten dürfen zum Ausgleich dann und wann ein Ründchen fliegen oder akrobatische Freudentänze aufführen. Ihre Strippenzieher bleiben mit beiden Füßen auf der Erde. Und das ist auch gut so. Bodenhaftung hilft gegen die schädlichen Nebenwirkungen großen, langjährigen Erfolgs. Die Pappköpp bleiben seit mehr als 30 Jahren auf dem Teppich, lassen sich nicht den Mund verbieten, sind immer mit Verstand, Witz und Liebe bei der Arbeit.

Nun bleiben in und um Krefeld also Dösköpp, Kappesköpp, Piefeköpp, Pappköpp, Quatschköpp on noch en paar; die fidelsten aber sind die Pappköpp.

Adresse: Peter-Lauten-Str. 62; S-Bahn 041, Ⓗ: Gutenbergstraße

Tipp: Die „Krieewelsche Pappköpp" haben ein unbenanntes Seitensträßchen der Quartelnstraße in „Matthes-on-Schäng-Jass" umgetauft.

39___ Mies van der Rohe: Das HE-Gebäude

Weltkultur, erbe!

An der Girmesgath 5-7 steht das einzige von Ludwig Mies van der Rohe geschaffene Industriegebäude auf der ganzen, weiten Welt. Es soll zum UNESCO-Weltkulturerbe erhoben werden, wäre aber sicherlich auch mit einer neuen Aufgabe vollkommen zufrieden.
Das kantige „HE-Gebäude“, diente einst als Lager- und Packstätte der weiträumigen Verseidag-Abteilung „Herrenfutterstoffe“. Die „Vereinigten Seidenwebereien Aktien Gesellschaft“ entstanden Ende der 1920er Jahre. Familienbetriebe aus der Textilindustrie in Krefeld und Umgebung sowie aus Thüringen hatten sich zusammengeschlossen, um die Krisenzeit nach dem Ersten Weltkrieg im Verbund zu bewältigen. Diese kluge Entscheidung ließ die Geschäfte bald wieder florieren, der Industriekomplex Girmesgath mußte ständig erweitert werden. Mit der Ausführung eines Gebäudes für die Lagerung und Verpackung der wertvollen Herrenfutterstoffe und der ersten betriebseigenen Färberei betrauten die Verseidag-Direktoren Lange und Esters Mies van der Rohe, denen er bereits je eine eckige Villa an der Wilhelmshofallee errichtet hatte. Der funktionale Stil des Architekten, große Fenster und weite Räume, denen lange Stahlträger in den Decken Stützpfeiler und tragende Wände ersparten, war die ideale Lösung für den enormen Platzbedarf.
Mies verband das zunächst zweistöckige Gebäude an der Girmesgath mit den Hallen – „Sheds“ – der neuen Färberei, deren sägezahnförmige Fensteraufbauten auf dem Flachdach das Tageslicht bestmöglich nutzen. Die Färberei wird von einem Verbindungsriegel auf Abstand gehalten, damit die Shed-Dächer die großen Fensterfronten des HE-Gebäudes nicht verdunkeln. Dunkler Klinker an den Gebäudesockeln stellt die optische Verbindung her. Der gleiche, zweifach gebrannte Stein schmückt auch die Wände des imposant schlichten Treppenhauses im HE-Gebäude. 1935 erweiterte Mies' Mannschaft nach seinen Plänen die Gebäude, gönnte der Färberei fünf weitere Sheds, stockte das HE-Gebäude auf. Auch der „Uhrenturm“, das Pförtner- und das Kesselhaus, die Schlichterei und der Bürotrakt werden nach Mies' Plänen gebaut.
Doch die Zeiten, als mehr als 8000 Beschäftigte in den Verseidag-Gebäuden ihr Auskommen hatten, sind lange vorbei. Nichts regt sich in den Werkstätten und Hallen. Sie warten auf Wiederentdeckung. Genau wie das HE-Gebäude:

Adresse: Girmesgath 5-7; S-Bahn: 044, Bus: 059, Ⓗ: Moritzplatz

Tipp: Der Brunnen auf dem Moritzplatz erinnert in Form von Tuchballen an große textile Zeiten.

40___ Die Lutherkirche

Atempause

Der Krefelder Süden war mit einem blauen Auge davongekommen. In diesem Teil der Stadt blieben viele Straßenzüge von Bomben verschont. Und die Lutherkirche hätte das Jahr 1945 ohne nennenswerte Schäden erreicht, wenn der obere Teil ihres 66 Meter hohen Glockenturms nicht bereits fünf Jahre zuvor im Kirchenschiff gelandet wäre. – Ein wahrhaftiger Tornado hatte ihn eingesogen, gedreht und den Gesetzen der Schwerkraft zurückgegeben. Die 30 Meter hohen Chortürme blieben unversehrt stehen. Zwei Jahre später war das Kirchenschiff wieder hergestellt, der Turm dagegen blieb bis heute „einen Kopf kürzer".
Die Lutherkirche überstand den Krieg bis auf den Sturmschaden fast ohne Zerstörungen – ein Gruß aus einem reichen Krefeld, das sich zur vorletzten Jahrhundertwende vornehmlich in Jugendstil kleidete, der auch Teile der Kirchenfassade schmückt. Auch der „steinerne Bibelgarten" im Kircheninneren ist ganz in Jugendstil und weist kaum Schäden auf.
Die Lutherkirche wurde als Predigerkirche nach den Grundsätzen des „Wiesbadener Programms" vom Ende des 19. Jahrhunderts errichtet, das die Einheit von Orgel, Altar und Kanzel in evangelischen Kirchen fordert und regelt. Altar und Kanzel sollen sich an der Mittelachse des Kircheninnenraums ausrichten, wenn möglich auch Orgel und Chorbühne. Beim Bau der Lutherkirche wurde streng auf die Einhaltung dieser Richtlinien geachtet. Selbst die Emporen sind auf Altar und Kanzel ausgerichtet, die wie verlangt in einer Flucht liegen und von der erhöhten Chorbühne abgeschlossen werden. Die pneumatische Walcker-Orgel steht seit der Kirchenweihe im Jahr 1904 zwischen Empore und Kanzel. Ab 1980 mußte sie eine lange Pause einlegen, weil ihr pneumatisches Innenleben altersbedingt unter chronischer Atemnot litt. Seit 2010 atmet sie wieder frei ein und ebenso frei durch sämtliche 1500 Pfeifen wieder aus. Ihren frischen Atem verdankt sie zu großen Teilen dem belebenden Wirken ihres eigenen, hochaktiven Fördervereins.
Die Stadt Krefeld hat Kirche und Original-Inneneinrichtung als besonders förderwürdiges Ensemble eingestuft und leistet finanziellen Beistand, auch bei den jüngsten Renovierungsarbeiten an der 108-jährigen Glasrosette über dem Hauptportal. Risse waren zu verkleben, Fugen und Blei zu erneuern, farbige Gläser auszutauschen. Jetzt strahlt sie wieder.

Adresse: Lutherplatz 27, S-Bahn 042, 043, Ⓗ: Martinstraße

Tipp: Das attraktive Programm des Kulturforums Lutherkirche, rund um die Walcker-Orgel.

41___ Der Siegerbote von Marathon

Laufend unbeachtet

„Max Kruse fec." steht auf dem rechten Rand des dreistufigen Podests: „Dies ist ein Werk von Max Kruse". Max Kruse war verheiratet mit Katharina, kurz: Käthe, die ihm sieben Kinder schenkte, deren jüngstes, Max, bekannte Kinderbücher schrieb, beispielsweise „Urmel aus dem Eis". Mutter Käthe erdachte diese schönen Puppen mit den fein modellierten Gesichtern, die ihren Namen in die ganze Welt trugen. Vater Max wurde indes nie auf den Titel „Mann von" oder „Vater von" reduziert, da er bereits vor der – zunächst wilden! – Ehe mit Käthe als Bildhauer große Anerkennung gefunden hatte.
Seit 1928 schmückt der Abguß von Max Kruses Bronze „Siegerbote von Marathon", dessen Original in Berlin steht und mit dem Rompreis für Bildhauerei ausgezeichnet wurde, die Hubert-Houben-Kampfbahn in Krefeld, benannt nach einem Sprinter aus Goch.
Tausende von Krefelder Kindern sind im Sportunterricht oder bei Sportfesten an ihm vorbeigerannt, ohne ihn eines Blickes zu würdigen. Auch die Fußballspieler des geschichtsträchtigen KTSV Preußen konzentrieren sich auf ihr Training, wissen in den meisten Fällen wahrscheinlich nicht einmal, daß er dort steht, ein paar Meter rechts vom Eingang zu diesem alten Stadion, das zwar unter Denkmalschutz steht, aber was heißt das schon? Wenn an den Baulichkeiten überhaupt gewerkelt, gesäubert oder gestrichen wird, dann haben fast immer Mitglieder des KTSV die Hand im Spiel.
Der bronzene Läufer hält sich die Seite. Auch sein von Anstrengung gezeichnetes Gesicht ist ein sicheres Indiz dafür, daß er auf die Strecke von Marathon nach Athen nicht ausreichend vorbereitet war. Der Lorbeerzweig in seiner rechten Hand ist irgendwann verschwunden, ein Fuß weist ein Einschußloch auf.
Der Name des ersten Marathonläufers von allen soll Philippides gewesen sein. Er starb an Überanstrengung durch intensives Joggen zum Athener Aeropag, einem Hügel mitten in der Stadt. Das ist über 2500 Jahre her, dennoch ist Philippides' Lauf unvergessen. Das kann sich Max Kruses ständige Vertretung in Krefeld nur wünschen. Mehr Beachtung erntet da der bronzene Bruder des niederrheinischen Philippides auf dem Dach des Theater des Westens in Berlin. Der hat auch seinen Lorbeerzweig noch. Und das Original in der Alten Nationalgalerie erfreut sich bester Pflege.

Adresse: Appellweg 3; Bus 052, Ⓗ: Appellweg

Tipp: Zwischen Stadion-Gaststätte und Tribünen steht ein weiterer unbeachteter Sportler auf einem Sockel mit Widmung: „ZUR 50JÄHRIGEN JUBELFEIER DIE FRAUEN U. JUNGFRAUEN DES KREFELDER TURNVEREINS"

42___ Marcelli

Grenzwert

Anno 1889 trug der Schmied Johann Marcelli das Königssilber der Verberger Schützen und vor dem Böngertsches-Hof an der Stadtgrenze, wo die Moerser Straße auf die Heyenbaumstraße trifft, stand noch eine Zollschranke. Hier wurde von der Stadt und Herrlichkeit Crefeld Wegegeld erhoben. Auf einem alten Foto im kleinen Saal des heutigen „Marcelli" ist diese Schranke gut zu sehen.

Als gegen Ende des 19. Jahrhunderts die Straßenzölle und Zollgrenzen aufgehoben wurden, hatte der hölzerne Schlagbaum seine Schuldigkeit getan und durfte verrotten. Der Böngertsches-Hof stand zum Verkauf. Johann Marcellis Kinder Heinrich, Karoline und Elisabeth griffen zu und verwandelten das alte Gemäuer in ein beliebtes Ausflugslokal, das von der Stadt aus mühelos mit der S-Bahn zu erreichen war. Die Haltestelle hieß in Erinnerung an alte Zeiten „An der Barriere". Es wurde gegessen, getrunken, getanzt.

Und so ist es geblieben, daran konnten zwei Weltkriege nichts ändern. Inzwischen führt Johann Marcellis Urenkelin Inge Hansen das Traditionslokal. In Gaststube und Biergarten ist Herzlichkeit merklich erstes Gebot, die Karte bietet Bewährtes, verzichtet auf verschnörkelte Benennungen, läßt bekannten Speisen ihre bekannten Namen. Eine Rindfleischsuppe ist eine Rindfleischsuppe, Heringsstipp bleibt Heringsstipp. Generationen haben sich an den berühmten Schnitzeln gelabt – „Paprika", „Zigeuner", „Wiener Art". Saisonal gesellt sich Spargel vom Niederrhein dazu, oder dicke Bohnen, oder Kohlgemüse. Marcelli bietet dazu vielen Skat-Runden eine Heimat. Nur manchmal müssen die Spieler sich vertagen. Dann nämlich, wenn die Tische zur Seite geräumt werden für Tanzveranstaltungen wie das Heumondfest im Juli, oder für den Tanz in den Mai, als „Eärpelstour" getarnt. Karneval nicht zu vergessen.

Marcelli wird übrigens seit über einem Jahrhundert so ausgesprochen wie man es schreibt. Meint jedenfalls der Krefelder an sich, lässt das „r" von vornherein weg und spricht das italienische „c" nicht als „tsch", wie in „Botticelli", sondern als „tz". Wie in „Botz".

Adresse: Moerser Str. 649; Bus 052, 060, Ⓗ: Heyenbaumstraße
Öffnungszeiten: Mo-So 17.30 – 1.00 Uhr, So 11.30 – 14.00 Uhr

Tipp: Kurz-Ausflug an die Niepkuhlen auf der gegenüber liegenden Seite der Heyenbaumstraße.

43___ Meister Ponzelar und sein Spoulan

An der Kette

Der Webstuhl stand still. Es wird wohl an einem Samstag vor der Zeit der mechanischen Webstühle gewesen sein, denn Meister Ponzelar auf seinem Sockel ist stadtfein herausgeputzt. Er hat den Gehrock über die Weste gezogen, das Seidentuch über den Kragen geknüpft und den Kettbaum geschultert, auf dem er als Ergebnis einer Woche mühevoller Arbeit am Webstuhl meterweise feinstes Tuch nach Krefeld bringt. In der linken Hand trägt er ein Bündel mit leeren Garnrollen. Sie sollen in der Fabrik mit frischem Garn umwickelt, in der nächsten Woche verwebt und dann wieder huckepack zurück in die Stadt getragen werden. Woche für Woche dieselbe Prozedur.

Das monotone Leben am riesigen Webstuhl, der stets im größten, bestbeleuchteten Zimmer der niedrigen Weberhäuschen thronte, ließ den Hauswebern viel Zeit zum Nachdenken, obwohl ihre Arbeit körperlich und geistig anspruchsvoll war und hohe Konzentration erforderte. Ihr Berufsstand galt als grüblerisch und hitzköpfig, sehr zum Leidwesen der Spoulane genannten Jungen und Mädchen, die dem Weber zur Seite standen und durch Bewegen des senkrecht über dem Webstuhl angebrachten „Harnischs" das Stoffmuster eingaben. Eine solche Szene ist auf der Platte zu Meister Ponzelars bronzenen Füßen verewigt.

Mit der Einführung der Jacquard-Technik übernahmen Lochkarten die Arbeit, dem Webstuhl die Muster zu „übersetzen". Der Fortschritt machte erst die kleinen Spoulane arbeitslos, dann die Weber. Immer seltener schritt ein Vertreter ihrer Zunft mit dem Kettbaum auf der Schulter durch die Stadt. So entschied der Krefelder Verschönerungsverein in einer Aufwallung von Dankbarkeit, für die von der städtischen Seidenindustrie oft schwer geprüften und immer klein gehaltenen Weber ein Denkmal in Bronze zu errichten. Der erste Meister Ponzelar stand ab 1911 dort, wo die Lindenstraße auf den Südwall trifft. 1940 wurde er zu Kriegszwecken eingeschmolzen. Die Gußform war indes erhalten geblieben. Und daher blickte bereits 1947 ein neuer, alter Seidenweber von seinem Sockel auf den Ostwall und stellt nichts anderes vor als die große Krefelder Webertradition. Und sein linkes Bein.

Adresse: Ostwall Ecke Südwall; alle S-Bahnlinien, Ⓗ: Hauptbahnhof

Tipp: Die „Linsenallee": lichtreflektierende Linsen, ein Werk des Krefelder Künstlers Adolf Luther, blinken über den Ostwall.

44___ Die Mennoniten

Kleine Gemeinde – große Wirkung

Mitten in Krefeld steht ein altes Holztor. Es wird eingerahmt von zwei Steinsäulen mit Pinienzapfen auf den Spitzen, dem christlichen Symbol der Unsterblichkeit. Das Tor an der Mennoniten-Kirch-Straße ist der frühere Eingang der Mennoniten-Kirche und das älteste Bauwerk innerhalb des Wallgevierts. Die Mennoniten brachten vor über 400 Jahren die Seidenherstellung und den wirtschaftlichen Aufstieg nach Krefeld. Darunter die von der Leyens, die 1596 das heimische Radevormwald verlassen hatten, wo sie wegen ihres Glaubens verfolgt wurden. Das Zeitalter der Reformation war angebrochen, und die Mennoniten hatten innerhalb von Luthers neuer Kirche ihre eigene Lehre errichtet. Abfällig wurden sie „Wiedertäufer" genannt, denn sie nahmen und nehmen nur erwachsene Gläubige mit der Taufe in ihre Gemeinde auf. Die junge Freikirche benannte sich nach Menno Simons, ihrem charismatischsten Vertreter. Bis heute werden Älteste und Diakone durch Wahl ermittelt, jegliche Form von Eid und jegliches Dogma abgelehnt und Pazifismus praktiziert. Den Mennoniten des 16. Jahrhunderts brachte diese Überzeugung die Verfolgung als Ketzer ein. Finstere Zeiten, auch für das ärmliche Krefeld, das nach dem Truchsessischen Krieg kaum noch aufzufinden war und 1594 als unwichtiges Anhängsel der Grafschaft Moers in den Besitz des Prinzen Moritz von Oranien überging, der es kurz darauf für neutral erklärte. Nichts wie hin, sagten sich die geplagten Mennoniten aus der niederrheinischen Umgebung und zogen nach Krefeld.

Sie waren fromm und fleißig. Bald stellte sich Erfolg ein, der Neid folgte ihm auf dem Fuße. Den Krefeldern waren die Mennoniten suspekt. Auch die von der Leyens. Vater Adolf war Posamentenwerker und handelte mit Seide. Seine Söhne legten mit der Gründung einer Seidenfärberei den Grundstein für den städtischen Aufschwung. Der Erfolg sprach sich herum, enormer Zuzug setzte ein und erforderte 1691 eine erste Stadterweiterung. Den Mennoniten wurde nach hundertjährigem, segensreichen Schaffen endlich der Bau einer eigenen Kirche gestattet. Aber diskret, bitte: eine Hofkirche, ohne Straßenanstoß, ohne Glockenturm, zur neuen Königstraße hin durch Häuser versteckt, Zugang durch die alte Stadtmauer. 1696 versammelten sich die Mennoniten dort zum ersten Mal. 1712 gönnte sich die Gemeinde das Portal mit den Pinienzapfen. Es hat Stehvermögen bewiesen, wie die Mennoniten, die weiterhin in Krefeld wirken – fromm, fleißig und hilfsbereit.

Adresse: Königstr. 132; alle S-Bahn, Ⓗ: Ostwall/Rheinstraße

Tipp: Die Geschäfte an der überdachten Königstraße empfehlen sich bei jedem Wetter für einen Schaufensterbummel.

45___ Der Nordbahnhof

Unter Dampf

20. Juni 1902, 10.55 Uhr: Großer Bahnhof! Kaiser Wilhelm II. und Kaiserin Auguste Victoria treffen am Krefelder Nordbahnhof ein. Nach den kaiserlichen Majestäten sollten noch viele Passagiere ihren Fuß auf den alten Perron setzen, bevor der Personenverkehr auf den Gleisen zwischen Radrennbahn und Oranierring Anfang der 1950er Jahre eingestellt wurde. 30 Jahre später wurden auch die Güterwaggons abgehängt. Das schöne Gebäude, mittlerweile über 100 Jahre alt, kam unter die Räder, wurde durch Umbauten verschandelt, geriet mehr und mehr in Vergessenheit und blieb schließlich jahrelang geschlossen.
1991 dann die Wiedereröffnung nach umfangreicher Restaurierung. Seitdem finden Krefelder und alle anderen wieder gastliche Aufnahme im Nordbahnhof. Als Empfangskomitee amtet eine kleine Lok, die beharrlich hoch über dem Schankraum ihre Runden schnauft und den Blick auf die gerundete Decke lenkt, die an ein Zugabteil erinnert. Innen Zug, draußen Bahnsteig. Der Nordbahnhof besitzt tatsächlich einen intakten und aktiven Bahnsteig. Das gußeiserne Gerippe ist ein Original, verrichtete allerdings früher am Kempener Bahnhof seinen Dienst. Es trägt ein gläsernes Dach, unter dem sich die Gäste im Sommer an Tischen unter Palmen, Oleanderbüschen und Olivenbäumen niederlassen. Direkt nebenan trifft man sich zum Feiern im neu erbauten „Lokschuppen" oder im „Blauen Waggon", ebenso ein Altertümchen wie der Nordbahnhof selbst und wie der alte Schluff, eine historische Dampfeisenbahn, die hier auf dem Weg zwischen Hülser Berg und Wilhelmplatz eine kleine Verschnaufpause einlegt und Passagiere an Bord nimmt.
Neben diesem freundlichen alten Zug bietet der Nordbahnhof selbstverständlich Speis' und Trank und diese unnachahmlich gemütlich-lärmige Atmosphäre, made by Niederrhein. An blanken Holztischen sitzt jeder neben jedem, trifft Pils auf Alt, rückt konservativ mit progressiv zusammen. In großer Eintracht reden alle, immer gleichzeitig, verstehen meist kein Wort und vertragen sich daher prächtig.
Wer hier in Lohn und Brot steht, ist mit Freude dabei. „Fröhliches Schaffen" ist bei den Nordbahnhöflern nicht Einstellungsvoraussetzung sondern persönliches Anliegen. Der Erfolg des Nordbahnhofs ruht auf tragfähigen Säulen: Gastfreundschaft, Fleiß und Zuverlässigkeit. Das ist die Magie des Ortes.

Adresse: Oranierring 91; S-Bahn 044, Ⓗ: Oranierring
Öffnungszeiten: Mo-Fr 17.00 – 24.00 Uhr, Sa 11.00 – 15.00 Uhr, So 11.00 – 24.00 Uhr

Tipp: der Kaiser-Wilhelm-Park auf der anderen Seite der Gleise.

46___ Das Palmenhaus

Effekt-Treibhaus

Es gibt Menschen in Moskau und Sankt Petersburg, die kennen das Palmenhaus am Baackesweg besser als mancher Krefelder. Die weite Anreise nehmen sie in Kauf, um unter dem großen Glasdach des Jugendstil-Kleinods ihrem Sport zu frönen: diese Moskowiter und Sankt Petersburger spielen nämlich Pétanque, das Spiel mit den schweren Kugeln, auch Boule genannt. Im Winter wird dafür der Holzboden der luftigen Halle abgedeckt, dann gibt das Palmenhaus den Boulespielern eine wind-, regen- und schneegeschützte Heimstatt und ändert seinen Namen in „Boulehalle Krefeld".

Das Gebäude aus den 1920er Jahren ist der jüngste Teil des Baackeshofs, in dem eine Zeitlang die Stadtgärtnerei untergekommen war. Das Palmenhaus diente der Aufzucht und Überwinterung des exotischen Krefelder Pflanzenschmucks. Über den gemauerten Backsteinwänden kündigt Beton vom Ende der Jugendstil-Epoche. Wände und Fenster sind im Original erhalten. Längst ist das Palmenhaus unter Denkmalschutz gestellt.

Aber Denkmalschutz allein hält ein altes Schätzchen nicht am Leben. Da muß schon ein bißchen mehr her. Also bietet das fast hundertjährige Glashaus seine Dienste als extravagante Stätte für Hochzeiten und andere Festivitäten an. Und wenn die Tische und Stühle entlang der Wände aufgestellt werden und Tangoklänge durch das Glashaus wehen, dann findet eine traditionelle südamerikanische Milonga statt. Neugierige Neutänzer sind gern gesehen. Auch die Boulespieler freuen sich über Gäste. Auf Starallüren kann man hier gut verzichten, denn der tatsächliche Star ist ohnehin das Palmenhaus. Ob mit festlich gedeckten Tischen für die große Gesellschaft, Tangoklängen oder zum Boulespielen auf abgedecktem Holzboden unter der Wintersonne – ein Hingucker ist es immer.

An der hinteren Wand wurde eine Empore eingebaut, eine kleine Küche und eine Anlage für „Damen" und „Herren". Das tut der nostalgischen Atmosphäre des Ortes keinen Abbruch. Schöner kann man wahrscheinlich auch im frostigen Moskau nicht Boule spielen.

Adresse: Baackesweg 75; Bus 051, Ⓗ: Weeserweg

Tipp: Ein Blick über den Zaun auf den alten Dreikanthof nebenan, den „Baackeshof".

47___ Pax Christi

Unvermutet

Ein Ort zum Verweilen, zum Staunen, zum Glauben. Eben eine Kirche. Allerdings schuf kein geringerer als Ewald Mataré das Kruzifix im Innenraum von Pax Christi. Dieser Künstler zeichnet auch für beide Portale der Alten Kirche in Krefeld verantwortlich, ebenso wie für das „Tor der Hoffnung" am Salzburger und die Verzierungen des Südportals am Kölner Dom.
Und den Altar der Kirche im Krefelder Ortsteil Oppum schuf die tschechische Künstlerin Magdalena Jetelová. Die drei hölzernen Stufen nehmen das Thema ihrer „Himmelsleiter" im Garten der Kirche auf. „Steig" hat Jetelová ihr großformatiges Werk aus Stahl genannt, das an die Jakobsleiter erinnert, die Verbindung von der Erde in den Himmel. In der jungen Kirche, die erst 1979 geweiht wurde, nehmen viele andere Ausstellungsstücke die Themen Religion und Glauben auf. Wenn auch nicht alle. Auf jeden Fall warten Kirche und Gemeinde inzwischen mit einer Sammlung zeitgenössischer Kunst auf, die weit über die Krefelder Grenzen hinaus ihresgleichen sucht.
In den nüchtern-modernen Räumen trifft der Besucher sogar auf eine Arbeit von Günther Uecker. Sie trägt den Titel „Chichicastenango" – ein Boot, durch das Uecker tausende seiner berühmten Nägel getrieben hat. Die Nägel durchbohren das Boot von außen nach innen. Es ist unbrauchbar, hat aber trotzdem ein hoffnungsvolles weißes Segel gesetzt. Die Klinge einer Arbeit von Joseph Beuys steckt in Filz, das Heft ist nur mehr ein Stumpf und eine Aufforderung, das Kämpfen endlich einzustellen.
Pax Christi ist ein Ort des Glaubens und der Kunst, die in großer Toleranz nebeneinander bestehen. Wer hierhin kommt, kann beten, oder sich der Kunstbetrachtung widmen, oder beides. Alles kann, nichts muß. Aber wenn der Kunstbetrachter sich im schwarzen Granit von Klaus Rinkes „Tor zur Ewigkeit" spiegelt, dann mag er ahnen, daß ihn hinter der scheinbar spaltbreit geöffneten Tür etwas Großes erwartet, sei er nun gläubig oder nicht. Pax Christi lädt ein zum Betrachten und Entdecken. Wobei diese Einladung für alle Kirchen gilt. Mit und ohne Kunst.

Adresse: Glockenspitz 267; Bahn: 044, Ⓗ: Buddestraße

Tipp: „Im Heimgarten", die kleine Straße neben der Kirche, führt schnurstracks in den Schönwasserpark.

48___ Der Posaunenengel

Brutstätte

Gelassen sitzt der Engel auf dem Grabmal der Krefelder Seidenfabrikanten-Familie Oetker im so genannten „neuen" Teil des Hauptfriedhofs, auf dem seit 1897 bestattet wird. Er läßt dem Besucher ausreichend Zeit, sich zunächst dieser schönen Frau in Bronze zuzuwenden, die rechts hinter dem Friedhofseingang ebenso unauffällig wie anmutig Rosen pflückt. Die „Rosenmädchen"- Skulptur des Künstlers Heinrich Wadéré schmückte einst ein Grab und wurde in Unkenntnis ihres künstlerischen Wertes zunächst nur deswegen hier auf- oder abgestellt, weil sie für eine schnöde Entsorgung als zu schön befunden wurde.

Einige Schritte weiter auf dem Weg, der neben der heiteren Rosenpflückerin beginnt, befindet sich die Ruhestätte der Krefelder Seidenfabrikantenfamilie Oetker. Von hohem Marmorsockel grüßt der Posaunenengel die Friedhofsbesucher. Seine Haltung verleiht ihm etwas Heiteres. Er sitzt leicht nach hinten geneigt und hält sein Instrument anmutig im Arm. Die Hände sind locker ineinander verflochten, der rechte Fuß lugt unter dem weiten Gewand hervor, das am Saum mit Spitzen verziert ist.

Träumerisch schaut der Engel in den Himmel. In seinem rechten Flügel ist ein Loch. Der Hals ist sogar zweifach grob durchlöchert, quer über die Brust zieht sich eine schnittartige Öffnung. Auch Himmelsboten sind vor Flak-Splittern nicht gefeit. Bei dem Angriff im Februar 1944, dem die Bronzefigur ihre Verletzungen verdankt, soll eine Gruppe von Menschen hinter dem Grabmal vor Bomben Schutz gesucht und den Angriff dort unversehrt überstanden haben.

Die Friedhofs-Meisen wissen die Löcher im Metall geschickt für ihre Zwecke zu nutzen. Ihnen sind die unverheilten Kriegsverletzungen hoch willkommen, denn seit vielen Generationen nisten sie sich jedes Jahr aufs Neue im Frühling im Hals des Engels ein und bleiben, bis ihre Brut flügge geworden ist. Die Lehre von den Engeln, die Angelologie, hat keine Erklärung für dieses Phänomen. Die Ornithologie schon. Der Engel bleibt entspannt.

Adresse: Heideckstraße 127-129; Bus 058, Ⓗ: Friedhöfe

Tipp: Der Hauptfriedhof ist die größte Grünfläche im innerstädtischen Bereich mit vielen alten Bäumen, viele davon Naturdenkmale. Auch ein Spaziergang über den alten Teil des Hauptfriedhofs aus dem Jahre 1861 mit dem Jüdischen Friedhof und den imposanten Grabstätten der Krefelder Seidenbarone ist wirklich lohnenswert.

49___ Das Pumpwerk in Uerdingen

Anlageberatung

Bald haben Bäume, Unterholz und Gestrüpp das alte Uerdinger Klärwerk verschlungen. Von außen ist schon jetzt fast nichts mehr zu sehen von dieser eindrucksvollen, über 100jährigen Anlage im Jugendstil, eine der ersten zwischen Basel und Rotterdam. Bis ins 20. Jahrhundert wurde der Rhein dank Fließgeschwindigkeit und Wassermenge mit den städtischen Abwässern, die damals direkt in den Fluss gepumpt wurden, sehr gut allein fertig. Aber im Jahr 1907 nahm sich die Rheinstrombauverwaltung erstmalig dieses stinkigen Gewohnheitsrechts an, verfügte, daß das „abzuleitende Wasser frei sein muß von schädlichen und übelriechenden Beimischungen" und verordnete die gründliche Reinigung der städtischen Abwässer vor ihrer Entsorgung in Richtung Nordsee.

Die „Reinigungsanlage in Crefeld" besteht aus Hauptgebäude, Maschinenhalle und Bremsberghaus. Die hohe Halle des Hauptgebäudes trägt nur auf ihren Außenmauern ein elegant gewölbtes Dach. Der weitläufige Innenraum ist somit völlig frei von Stützpfeilern, durch zwei große Dachlaternen fällt Tageslicht ein. Die so genannten Personalräume – Ingenieurbüro, Maschinenmeisterraum, Arbeiterraum, Bad, WC – sind dezent im vorderen Bereich untergebracht. Das Pumpwerk Uerdingen funktionierte im Originalzustand bis 1962 und wurde 20 Jahre später für zwei Millionen D-Mark restauriert; eine Kreativ-Werkstatt sollte es werden. Leider fehlte der lange finanzielle Atem, die Künstler zogen aus, und der Verfall setzte erneut ein.

Vom ursprünglichen Schmuck der Außenfassade hat vieles bislang dem Verfall getrotzt, es ist sogar noch erkennbar, daß der Putz als Muster aus Wassertropfen aufgebracht wurde. Auch die Keller-Gitter im Jugendstil wehren sich erfolgreich gegen den Rost. Das Gebäude mag verrottet scheinen, in seinem Innersten ist es robust und durchaus zu retten. Noch ist nichts verloren. Das Pumpwerk ist groß genug für jede Art von Konzerten, hell genug für Ausstellungen, ein würdiger Rahmen für Offizielles und allemal schön genug, um ganz allein zu wirken.

Das darf es aber nicht: keine Aussicht auf Konzerte, Ausstellungen oder Offizielles, denn die amtlich vorgeschriebene Nutzung lautet: „Gewerbe". Und dazu zählen alle Gewerbe, auch das älteste. Als Alternative könnten sich die zuständigen Stellen auch mit der Idee anfreunden, daß das Pumpwerk dem städtischen Streusalz eine neue Heimat gibt. Dann wäre es vorbei mit dem Dornröschenschlaf. Aber vielleicht, vielleicht haben die zuständigen Stellen ja ein Einsehen.

Adresse: Rundweg 20; S-Bahn 043, Ⓗ: Lange Straße

Tipp: Das Wärterhaus wurde gleichzeitig mit dem Pumpwerk angelegt. Es befindet sich hinter dem Parkplatz auf der Rückseite.

50___ Der Puppenbrunnen am Südwall

Gelenkig

1977 hat es in Krefeld an nichts gefehlt, Geld war im Überfluß vorhanden. Wie anders ist es zu erklären, daß die Stadt freiwillig einen Zusatzbetrag in Höhe von 60.000 Mark für einen Brunnen zur Verfügung stellte, für den ein Krefelder Bauunternehmen anläßlich seines 50-jährigen Bestehens bereits 90.000 Mark gestiftet hatte?
Der Brunnen mit mechanischer Antriebswelle und Wasserfontänen sollte die Kreuzung der Rheinstraße mit der Hochstraße verschönern. Der Aachener Bildhauer Bonifatius Stirnberg wurde mit dem Auftrag betraut, er hatte bereits ein ähnliches Werk für die Stadt Aachen geschaffen. Für Krefeld hatte man die Verzierung des Brunnens mit zehn beweglichen Figuren angedacht.
Der Standort des Brunnens mißfiel der Feuerwehr: im Brandfall käme man mit den großen Wagen schlichtweg nicht daran vorbei. Also wechselte der Brunnen seinen Standort, bevor er überhaupt aufgestellt worden war. Auch das mit den zehn Figuren klappte nicht. Sechs Figuren waren selbst dem wohlhabenden Krefeld teuer genug. Fürst Arpvar von Gellep, Gräfin Mechthild von Kleve, ein Leineweberpaar aus dem 16. Jahrhundert und das Ehepaar von der Leyen wurden dazu auserkoren, Krefelder Stadtgeschichte zwischen den Wasserfontänen zu illustrieren. Auf der Strecke blieben ein Biedermeierpärchen, eine Jugendstil-Dame und ein großer Unbekannter.
Zur Einweihungsfeier gab es Freibier, Kinder und Erwachsene versuchten sich als Kunstschaffende an den beweglichen Gelenken, die angestrebte Förderung des Spieltriebs war eindeutig gelungen. Nur wenige Tage später beklagte der Seidenweber bereits den Verlust seines rechten Beins, dem Fürstenpferd fehlte der Schweif und Herr von der Leyen hatte sich in Gänze empfohlen. Immer wieder verschwindet etwas von diesem heiter plätschernden Kleinod, daß an die vielen kunstvollen Brunnen erinnern soll, die früher die vier Wälle schmückten. Und genauso oft wird der Brunnen auch wieder instand gesetzt. Dafür findet sich im abgemagerten Stadtsäckel erfreulicherweise immer noch ein bißchen Geld.

Adresse: Südwall Ecke Neusser Straße; alle S-Bahnlinien, Ⓗ: Hauptbahnhof

Tipp: Das Stadtbad an der Neusser Straße ist ein Prachtstück im Jugendstil. Bitte unbedingt erhalten, das kann doch nicht so schwer sein!

51___ Das Rathaus

Gutes Versteck

Es ist nun wirklich kein Geheimnis, daß dieses Bauwerk für den Seidenfabrikanten Conrad von der Leyen errichtet wurde und ihm und seiner Familie als prunkvoller Stadtsitz diente. Die Bevölkerung nannte das Leyensche Wohnhaus so beharrlich „Schloß", daß sogar die heutige Carl-Wilhelm-Straße, die darauf zuführt, eine Zeitlang nicht nur im Volksmund sondern auch hochoffiziell zur „Schloßstraße" aufstieg. Diese geflunkerte Übertreibung verdankt das Gebäude wahrscheinlich in erster Linie seinen imposanten sechs Säulen. Sie sind von der ionischen Art, werden nach oben ein bißchen schmaler – der Fachmann nennt das „verjüngen sich" – und tragen am oberen Ende rechts und links eine Spirale – der Fachmann nennt das „Voluten". Die Abstände zwischen den Säulen nennt der Fachmann „Interkolumnien", aber vor dem Krefelder Rathaus bleibt selten jemand stehen und nimmt sich Zeit, zu ihnen empor zu sehen. Das ist schade, denn der Blick lohnt sich: seit 1967 schmücken fünf Mosaike in Gold die oberen Säulenzwischenräume. Sie sind das Werk von Hubertus Brouwer, dem Künstler, der auch das weiße Relief an der ehemaligen Stadtbücherei schuf. Trotz gewaltigen Einsatzes des Krefelder Unternehmers Hansgeorg Hauser konnte beim Abbruch der Bücherei lediglich ein Teil dieses Reliefs gerettet werden. Ob die blinkenden Brouwer-Mosaike wohl ebenso weichen müssen, wenn das Rathaus eines Tages irgendeinem zuständigen Nicht-Krefelder nicht mehr zeitgemäß erscheint?
Aber bis dahin werden noch einige Liter Rheinwasser an Uerdingen und Linn vorbeifließen. Dem Rathaus-Besucher in Krefeld bleibt demnach genügend Zeit, sich der rückwärtigen, der „Gartenseite" des Rathauses zuzuwenden, wo ebenfalls ein Original erhalten geblieben ist: 1891 ließ man dem nördlichen Rathausflügel eine üppige Neorenaissance-Fassade angedeihen, reich geschmückt mit Blümchen und Engelchen und einer Reihe von Männerköpfen unter verschiedenen Kopfbedeckungen. Auch die Schnurrbärte der Herren sind unterschiedlich, dagegen sind die gut gelaunten Gesichter offensichtlich alle in ein und derselben Stuckform gegossen worden. Am besten gelaunt gibt sich der Herr ganz oben an der Fassade. Dä hätt en Ferkesfreud onger sinne Hoot.

Adresse: Von-der-Leyen-Platz; S-Bahn 041, Ⓗ: Westwall

Tipp: Das Buschhüter-Haus mit der Nummer 122-124 am Westwall ist Stein für Stein von der St.-Anton-Straße dorthin umgezogen. Es beherbergt den Krefelder Kunstverein.

52___ Die Robinien im Heesbusch

Pariser Verwandtschaft

Die älteste Robinie der Welt soll als Samenkapsel im Hut von Jean Robin, Gärtner des französischen Königs, vor über 400 Jahren aus der Neuen Welt angereist und von Herrn Robin eigenhändig in Paris eingepflanzt worden sein. Von ihrem Standort am Square René Viviani blickt sie auf das Portal von Notre-Dame. Davon können ihre botanischen Schwestern im Heesbusch nur träumen, denn ihre Aussicht ist alles andere als weltberühmt: Als Teil von Krefelds kleinstem Naturschutzgebiet, teilen sie sich mit dem Waldsee eine wenig vornehme Lage zwischen Müllverbrennung, Chemie und Waggonfabrik. Außerdem sind sie erst knapp 100 Jahre alt. Ansonsten haben sie mit ihrem Pariser Urahn natürlich alles gemeinsam: tragen weiche, gefiederte Blätter und weiße Blütentrauben über Stämmen aus grober Borke und kommen den gleichen Pflichten als Luftreinigungsinstrument nach.

Den Heesbusch betritt der staunende Erstbesucher vom Parkplatz an der Duisburger Straße durch ein Spalier junger Linden, von dem nach wenigen hundert Metern eine Buchenallee abzweigt. Geradeaus, einige Schritte weiter unter der Lindenreihe hindurch, wird die Symmetrie des Weges in den oberen Baumetagen durch einen großen, schräg wachsenden Ast aus der Doppelkrone einer Robinie beendet. Hier wurzeln gleich mehrere der eleganten Bäume mit der tief gefurchten Rinde; sie sind vom Weg aus gut zu sehen. Sie sind die exotische Zierde dieses kleinsten der städtischen Forste und stellen einen der größten Posten auf seiner Habenseite dar.

Die Paraderolle spielt allerdings eine 200 Jahre alte Linde. Sie muss zwar wenig romantisch auf Stahlseile zur Unterstützung zurückgreifen, da sie der Last ihres eigenen Laubs längst nicht mehr gewachsen ist, wirkt aber auch gestützt ausgesprochen bedeutend. Ferner sind im Uerdinger Lieblingswäldchen Eichen, Buchen, Kiefern und verschiedene Ahorn-Arten für die Unterbringung und Nahrung der ortsansässigen Vogelwelt und anderen Waldgetiers verantwortlich. Eine scheinbar schlichte Aufgabe, dabei wie jeder Wald für alle Beteiligten überlebenswichtig.

Adresse: Rundweg 20; Ⓗ: Bus 831, Ⓗ: Chempark Tor 15

Tipp: Die älteste Robinie in Krefeld beschattet das Feld Nr. 62 auf dem neuen Teil des Hauptfriedhofs. Sie ist fast 170 Jahre alt.

53___ Das Scheifenhäuschen

Orbroicher Kleinod

1625 war der Dreißigjährige Krieg gerade mal sieben Jahre alt. Das historische Augenmerk richtete sich in diesem Kriegsjahr auf Breda, das bereits seit Sommer 1624 von den Spaniern belagert wurde. Diese Aktion hatte allerdings so gut wie gar nichts mit Orbroich zu tun, oder nur so viel, als daß in Orbroich just zu dieser unfriedlichen Zeit ein französischer Offizier Quartier bezogen hatte und von seinen Wirtsleuten auf dem Scheifenhof sehr aufmerksam bewirtet worden war. Als ein Marschbefehl eintraf, der den Offizier ins Feld rief, schenkte er dem Landwirte-Ehepaar 500 Taler für den Bau einer Kapelle. Der Grundstein war im Handumdrehen gelegt, die Mauer rasch hochgezogen und das kleine Gotteshaus schon so gut wie fertig, als den Beschenkten auffiel, daß der Franzose nicht präzisiert hatte, wem denn die Kapelle zu widmen sei. Die Bauherren entschieden sich eigenständig für die Heilige Dreifaltigkeit und Maria. In den Balken über dem Gitter neben der niedrigen, schmalen Tür sind folgende Worte geschnitzt: „1625 ist diese Kapelle zu Ehren der H. Dreyfaltigkeith und Maria gebauth. Opffert dank Opffer und bittet im Nahmen Jesus und Maria die Gnad deß H. Geistes. Ohn die Gnad kann kein gudt Werk verricht werden und kein Sünder bekehrt werden. Mirakel." Das letzte Wort ist als Bekräftigung des frommen Spruchs zu verstehen – wie das „Amen" in der Kirche.
Der Innenraum bietet höchstens 3 Quadratmeter – auf dem kleinen Altar ein Abbild der gekrönten Muttergottes, ganz in Weiß, mit Krone. An ihre Rechte hat man ihr den Sohn gestellt, links Gottvater mit einer Weltkugel in der Hand und über allem eine weiße Taube, Symbol für den Heiligen Geist. Gut katholisch die freundliche Aufforderung: „Wem Gott es gibt in seinem Sein, der gebe hier ein Opfer in. G.W." Wer sich hinter den Initialen versteckt, konnte bislang nicht ermittelt werden. Der massive Opferstock ist mit dicken Eisenbändern an die Innenseite der Tür geschmiedet, daneben ein Kerzenbord aus Eisenblech.
Das Scheifenhäuschen in Orbroich ist ein Schatz, wie man auf dem Stadtgebiet von Krefeld kaum einen zweiten findet.

Adresse: Talring; Bus 077, Ⓗ: Hinterorbroich

Tipp: Fahrradausflugsziel – und dann zur Stärkung ins Café Kornblume.

54___ Schirm Schnitzler

Stock und Hut

Geschliffenes Glas, blankes Messing und dunkles Holz in schöner Rundung – dieses alteingesessene Geschäft ist eine Augenweide. Über der Tür wachen diese beiden Schirme, allen Krefeldern bestens bekannt. Die Fassade darüber schmücken klassizistische Ornamente. Zwischen dem ersten und dem zweiten Stockwerk ragt tatsächlich noch der alte Fahnenstock au der Hauswand und der Haken, mit dem die Oberleitung der Straßenbahn am Haus befestigt war, als die „Lektrische" noch über den zwischen Südwall und Rheinstraße immer schon leicht kurvigen Kurs rumpelte. Seit dieser Zeit sind unzählige der an der Hochstraße ansässigen Traditionshäuser dem Krieg – in neuerer Zeit dem World-Wide-Nepp - zum Opfer gefallen. Nicht so Schirm Schnitzler.

Beim Betreten bimmelt eine Türglocke, dahinter empfängt eine elegante Auswahl von Mode-Accessoires die Kunden. Schirme, Hüte, Handschuhe und Gehstöcke in moderner und klassischer Ausführung stehen zur Auswahl.

Ein kleines, feines Geschäft von der Sorte, die man mittlerweile nicht nur in Krefeld mit der Lupe suchen muß. Hinter dem kleinen Holztresen macht eine freundliche Bedienung von der Art, die diesen Namen noch verdient, ihre Aufwartung. Und diese Damen stehen trotz des herrlich unzeitgemäßen Ambientes mit beiden Füßen auf dem Boden des Hier und Jetzt, gehen gleichermaßen sachkundig mit aktueller Mode oder konservativen Klassikern um. Farben und Muster der Schirme sind ebenso vielfältig wie das Material des Griffs. Das Angebot umfaßt die ganze Bandbreite, von opulent bis orthopädisch. Vor allem aber trifft der hoch erfreute Kunde in diesem mehr als übersichtlichem Verkaufsraum auf erfahrene Kompetenz, hohe Qualität und liebenswürdige Höflichkeit.

Sogar die Furcht vor gesalzenen Preisen ist vollkommen unbegründet, denn die Produktpalette hält für jeden Geldbeutel etwas bereit. Und der Abschied fällt auch dann freundlich aus, wenn nichts Passendes gefunden wurde. Auch das soll tatsächlich vorkommen. Alle Jubeljahre.

Adresse: Hochstraße 102; alle S-Bahnlinien, (H): Ostwall/Rheinstraße

Tipp: Schräg gegenüber geht es in die Angerhausenstraße, eine der ältesten Straßen der Stadt.

55___ Das Schlachten-Denkmal an der Hückelsmay

Eins auf die Bourbonen-Nase

Louis de Bourbon, Comte de Clermont-en-Argonne, war ein Enkel des Sonnenkönigs. Dem kleinen Louis war eine glanzvolle Laufbahn in der Kirche vorherbestimmt. Mit zarten 14 Jahren stand er schon mehreren reichen Abteien vor, widersetzte sich mit 15 aber altersüblich und wechselte in die königliche Armee.
Nach kleineren Anfangsschwierigkeiten kam seine Karriere in Schwung. Louis entpuppte sich als erfolgreicher Kommandant mit Abonnement zum Siegen. Übermütig trotz warnender Stimmen übernahm er das Oberkommando der königlichen französischen Truppen in Deutschland. Nicht sehr lang nach seiner Ankunft in Hannover jagte ihn Prinz Ferdinand, Herzog von Braunschweig, über den Rhein nach Wesel – dem rheinischen Schlachtenhöhepunkt des Siebenjährigen Krieges entgegen. Aber das wußte Louis selbstverständlich ebenso wenig, wie er ahnen konnte, daß er vor den Toren von Crefeld seinen Meister finden würde. Zunächst mal traf der Comte im Frühsommer 1758 in Fischeln ein, Prinz Ferdinand nebst Truppen auf den Fersen. Showdown am 23. Juni: siegesgewiß ließ Louis seine 47.000 Mann starken Truppen an der Hückelsmay Stellung beziehen, nutzte zwei Wasserläufe als Rückendeckung und erwartete den Angriff des Prinzen aus Norden. Der hatte andere Pläne, tauchte völlig unangemeldet aus Süden auf und zwang die zahlenmäßig überlegenen Franzosen unter Ausnutzung ausgerechnet der alten Landwehrwälle, die Louis' Truppen sichern sollten, zur Flucht Richtung Osterath. 2719 Soldaten waren verwundet, 2867 Gefallene wurden an Ort und Stelle begraben.
Die dankbaren Crefelder errichteten dem Prinzen und seinen Truppen das Denkmal an der Hückelsmay, krönten es mit gekröntem Preußenadler und benannten eine Straße nach Ferdinand, der allerdings keinerlei Interesse zeigte und die Stadt trotz seines Siegs den Franzosen überließ. Die Straße behielt ihren Namen bis heute. Krefelder sind nicht nachtragend.

Adresse: Gladbacher Straße Ecke Hückelsmaystraße; Linie 054, Ⓗ: Hückelsmay Denkmal

Tipp: Über 1,5 Kilometer der alten Landwehr sind noch gut zu erkennen. Die historische Grenze wurde 1988 im Alter von knapp 640 Jahren zum „Krefelder Bodendenkmal" ernannt.

56___ Der Schluff

Eisern

„Schluffe“ ist ein Wort in Krefelder Mundart und steht sowohl für Pantoffeln als auch für menschliche Fortbewegung ohne Heben der Füße. Der Name paßt haargenau, denn der historische Zug und seine gemächliche Fortbewegungsart stellen das Wort „Schluff“ dar wie ein lebendes Bild, soweit man bei einer Lok mit Anhängern von „lebend“ sprechen kann. Die „Krefeld 1“, so der Name der riesigen Dampfmaschin’ an der Spitze des „Schluff“, ist durch und durch lebendig, seit die „Freunde der Eisenbahn Krefeld“ und die „Interessengemeinschaft Schienenverkehr Krefeld“ ihr mit Fleiß, Zeit, Maschinenöl und Herzblut Leben eingehaucht haben. Vor dem Umzug nach Krefeld war sie als „Graf Bismarck XV“ auf der Zeche Bismarck in Gelsenkirchen tätig, damals noch als Dampflok. Nach ihrem Transfer an den Niederrhein erwies sich, daß das Kohlefeuer in ihrem Bauch mit dem bewaldeten Stück der Krefelder Trasse am Streckenstück Hülser Berg nicht kompatibel war. Die Lok mußte mit großem Aufwand von Kohle- auf Ölfeuer umgestellt werden. So wurde der Wasserdampf erhalten, der Wald bleibt vom Funkenflug verschont und das Kohlenschaufeln erübrigt sich.
Zwischen St. Tönis und Hülser Berg versieht die „Krefeld 1“ seit mehr als 30 Jahren pflichtbewußt ihren Dienst, bringt Ausflügler im bedächtigen Rhythmus der wuchtigen Stahlräder rechtschaffen von der Stadt ins Hülser Bruch und wieder zurück. Wer will, kann sein Fahrrad im Gepäckwagen mitnehmen. An den Wochenenden von Mai bis Oktober lässt das Gewicht des alten Dampfrosses zweimal täglich die Bahnsteige an den Endstationen und am Nordbahnhof erzittern und erfüllt die Luft mit Dampf und diesen alten Eisenbahngeräuschen, die nicht nur bei passionierten Eisenbahnern für Gänsehaut sorgen.
Die historische Dampfeisenbahn hat sich nebenbei auch zum gern gebuchten Austragungsort für private Feiern gemausert. Seit einiger Zeit besteht die Möglichkeit, im festlich geschmückten Waggon den Bund fürs Leben zu schließen. Vielleicht bleiben an Bord geschlossene Ehen sogar besonders lange unter Dampf. Gute Pflege immer vorausgesetzt. Dafür ist der Schluff das beste Beispiel.

Stationen: St. Tönis (Wilhelmplatz), Nordbahnhof, Hüls (Josef-Heinrichs-Straße), Hülser Berg

Tipp: Fahrräder für den sportlichen Hin- oder Rückweg können im Gepäckanhänger verstaut werden.

57___ Das Seifenkistenrennen

Wer hat, der hat

Unbedingte Voraussetzung für ein Seifenkistenrennen ist eine abschüssige Bahn mit ausreichender Breite. Daher finden die meisten Seifenkistenrennen dort statt, wo der Veranstalter auf gebirgiges, bergiges, zumindest hügeliges Gelände zurückgreifen kann. Manche Gemeinden versuchen mittels steiler Startrampen fehlende topographische Gegebenheiten auszubügeln. Nicht so Krefeld, denn mit dem Hülser Berg, einer natürlichen Erhebung von satten 63 Metern Höhe über NN wird hier dem passionierten Seifenkistenpiloten alles geboten, was er braucht: ausreichendes Gefälle und Streckenbreite und obendrein ein treues, fachmännisches Publikum. Dazu gesellen sich jede Menge helfende Hände, tüftelnde Väter und Mütter in Hobbykellern jeder Größe, die dafür sorgen, daß die helmbewehrten Kleinpiloten in ihren munter quietschenden, abenteuerlichen Gefährten abwärts brettern können.

Der Austragungsort heißt „Rennstieg". Den Namen verdankt die Waldstraße allerdings nicht dem Wettbewerb, sondern der Tatsache, daß das Gelände in alten Zeiten laufenden Boten auf ihrem Weg nach Hüls diente.

Die Seifenkistenpiloten müssen mindestens 10 Jahre alt sein. Nach oben gibt es keine Altersgrenze, doch zumeist bleiben die Lenkräder der Papp-Boliden in Kinderhand. Co-Piloten sind ebenfalls zugelassen und bei den rumpelnden Kisten ist sowieso alles erlaubt, was mindestens drei Räder hat. Antrieb ist einzig und allein die abschüssige Bahn. Helm tragen ist Pflicht, Veranstalter ist der Fachbereich Jugendhilfe und Beschäftigungsförderung der Stadt Krefeld; immer mit viel Engagement, Wissen und „Spaß an der Freud'" bei der Sache. Mittlerweile müssen sich die vielen Helfer nicht nur um die Rennfahrer und das Boxenpersonal kümmern, sondern auch um die Besucher, deren Zahl jährlich ansteigt. Und während sich andernorts Seifenkistenrennenveranstalter bereits zu Landesverbänden mit eigenem Rennterminkalender zusammengeschlossen haben, die ihre Starter in „Junior", „Senior" und „Elite XL" aufteilen, wird am Hülser Berg traditionell in zwei Klassen gewertet, erstens nach „Speed" und zweitens nach „Jux". Die Krefelder Seifenkistenpiloten sind durch nichts aufzuhalten – außer durch Regen.

Adresse: Rennstieg; Bus 060, Ⓗ: Hülser Berg

Tipp: Mitmachen!!!

58___ Die Siedlung Ulmenstraße

Inselchen

In Krefeld gibt es gleich mehrere Ulmen, die das große Ulmensterben in den 1920er Jahren überlebt haben. Die kleine Siedlung in der Ulmenstraße hat sich an der Beharrlichkeit dieser Namenspatroninnen ein Beispiel genommen, denn als die mächtigen Backsteinbauten der „Crefelder Baumwollspinnerei" 1978 Baggern und Abrißbirnen zum Opfer fielen, schüttelten die acht Doppelhäuser in unmittelbarer Nachbarschaft unerschrocken den Staub vom Dach und blieben stehen. Ursprünglich gab diese Wohnanlage, die zu den ältesten in Krefeld gehört, Beschäftigten der Spinnerei ein Zuhause. Die Fabrik hatte man 1896 zur „Herstellung von Baumwoll- und Zellwoll-Garnen und Zwirnen bis zu den feinsten Nummern" gegründet. Die Firmenleitung folgte dem damaligen Zeitgeist und ließ neben der Produktionsstätte Unterkünfte für Bedienstete anlegen. Für Arbeiter und Angestellte waren die kleinen Wohnungen eine Auszeichnung, für die Firmenleitung waren sie praktisch, denn der Mietvertrag spann ein festes Band der Dankbarkeit des Arbeitnehmers gegenüber dem Arbeitgeber. Das schuf beste Voraussetzungen im Bereich „human resources", da es den Familien in den Unterkünften der Spinnerei besser erging als vielen anderen im beginnenden Industrie-Zeitalter.

Beschaulich war es obendrein. Gute Nachbarschaft sorgte für Schutz von Leib und Seele, ersetzte Bewegungsmelder, Unterhaltungsmedien, Partnervermittlungen... Und während im prunkvollen Industrie-Palast nebenan nur 75 Jahre lang Garn gesponnen wurde und er im Alter von 82 Jahren verkokelt und völlig denkmalungeschützt ein Ende in Trümmern fand, erlebten die Häuschen an der Ulmenstraße in den 1980er Jahren einen zweiten Frühling.

Inzwischen sind sie über 110 Jahre alt. Die einheitlichen Fassaden sind restauriert und stehen kernsanierten Innenräumen vor, alles sehr gepflegt. Die Innenflächen wurden vergrößert, indem man die Doppelhäuser der ersten Stunde miteinander verband. Die einstige Anwohnerzahl von 32 Familien wurde um die Hälfte reduziert. Neben den großen Gärten blieb auch der Nachbarschaftsgeist erhalten. Die Siedlung Ulmenstraße ist nicht nur akustisch eine gut abgeschottete Insel in der lauten Zange von Obergath und Gladbacher Straße.

S-Bahn 042, 043, Ⓗ: Mengshofstraße

Tipp: Eine tapfere alte Ulme hält sich wacker vor dem Haus St. Töniser Straße 143.

59___ Sankt Matthias (Hohenbudberg)

Wacht am Rhein

Außer Sankt Matthias ist vom alten Hohenbudberg nur ein einzelnes Haus stehen geblieben. Hinter Uerdingen führt die Uferstraße rheinabwärts zunächst über einen Kilometer an Hallen und Schornsteinen unter dem Bayer-Kreuz vorbei. Rheinschiffe sind an der Ufermauer vertäut und löschen ihre Ladung. Linkskurve, Rechtskurve, dann kommt die alte Kirche in Sicht.

Als das große Chemie-Werk Ende des 19. Jahrhunderts unter dem Namen „Weiler-ter-Meer" noch in den Kinderschuhen steckte, stand in Hohenbudberg bereits seit über 700 Jahren eine Kirche. Das erste Schriftstück, in dem sie genannt wird, stammt aus dem Jahre 1150.

Seit 1150 sind ungefähr 26 Billionen Liter Rheinwasser an St. Matthias vorbeigeflossen. Der Chemie konnten die Mauern bislang standhalten, in früheren Zeiten dagegen forderten Kriege, Hochwasser, Altersschwäche und halbherzige Baumaßnahmen immer wieder ihren Tribut, und daher erzählt nur noch der Kirchenturm vom Mittelalter.

Der älteste Schatz der Kirche ist ein Kruzifix aus der Zeit um 1300, im linken Kirchenschiff, wahrscheinlich die älteste Schnitzarbeit in ganz Krefeld. Rechts und links vom Haupteingang lassen sich im Mauerwerk noch die früheren Eingänge erkennen, und an der nördlichen Außenwand verwittern leider vollkommen ungeschützt einige bröckelige Grabsteine aus dem Jahr 1794.

1852 wurde das Kirchenschiff komplett abgerissen, vergrößert wieder aufgebaut und mit neu erworbenen Schätzen geschmückt. Die Figuren der Heiligen Drei Könige, Muttergottes, Engel und Apostel des Hochaltars im Chor am Ende des Mittelschiffs sind feinste Schnitzarbeit, mit viel Gold verziert. In lebhaften Bildern erzählt der kleinere Passionsaltar auf der linken Seite des Hauptaltars sehr anschaulich die Lebens- und Leidensgeschichte des Gottessohnes von der Krippe mit Ochs und Esel bis zum Tod am Kreuz. Den bedächtigen Apostelaltar auf der rechten Seite bewachen zehn kleine Engel, je einer auf den gedrehten Säulen im oberen Teil. Jeder dieser Altäre ist über fünfhundert Jahre alt und bietet eine Fülle historischer und handwerklicher Details, die gemeinsam eine erstaunliche Pracht entfalten. Vor allem, wenn sie abends vom Sonnenlicht angestrahlt werden.

Adresse: Kirchstraße; Bus 927, Ⓗ: Chempark, Tor 4

Tipp: Der Friedhof neben der Kirche ist der letzte Kirchhof auf Krefelder Stadtgebiet, der noch als solcher genutzt wird.

60___ Das Stadtarchiv

Erinnerungsvermögen

Gar nicht so dröge, die offizielle Krefelder Andenkensammlung, auch wenn der erste Blick in den Besucherraum nichts Aufregendes enthüllt: Resopaltische auf grauem Nadelfilz, ein Schubladenschrank, ein Regal mit Ordnern, Büchern, Heften. Beim zweiten Hinsehen fällt ein Rhinozeros-Horn auf, das aus einem der Ordner auf dem obersten Regalbrett ragt. Dies ist die Akte „Zoo-Bestand 1950-2000 – Abgänge an die Arche Noah". In der gleichen Reihe hütet ein Spielzeugbagger die Unterlagen „Denkmalschutz in Krefeld – Krefelder Hof (heute: Horten) – Wasserturm Gladbacher Straße (S-Bahnkreuzung) – Alte Markthalle (C&A) ..." , eine Dynamitstange ziert das Etikett des Leitz-Kartons Nr. 10: „Presseberichte (nationale und intern.) über den versehentlichen Abriß des Seidenweberhauses im Jahre 2063". Mit Genuß hat der Krefelder Künstler Hubertus Gojowczyk lokalpolitische Themen auf den wunden Punkt gebracht. – Eine weitere Kauzigkeit des Flachbaus hinter dem Konrad-Adenauer-Haus ist die Wachmannschaft: zusätzlich zu den Errungenschaften moderner Sicherheitstechnik bewacht eine Katze das Gebäude als traditionell einzige Bewohnerin.
Das Stadtarchiv steht jedem Bürger offen, der sich mit der Geschichte seiner Stadt oder seiner Familie befassen möchte. Ein Fotoarchiv und eine Auswahl von Büchern stehen zur ständigen, freien Verfügung, darunter Adreßbücher zurück bis ins Jahr 1840, außerdem alle Bände des Krefelder Jahrbuchs „Die Heimat", angefangen mit der ersten Ausgabe aus dem Jahre 1921 – ausführlich und hochinteressant.
Die Schatzkammer des Stadtarchivs verbirgt sich hinter der großen Tür im Archivar-Bürochen. In der angrenzenden Halle halten sich in Holzschüben und beweglichen Stahlwänden zahlreiche Privatnachlässe sowie die amtlichen Überlieferungen der Stadt für die Forschung bereit. Da gibt es Geburtsurkunden bis zurück ins Jahr 1645, historische Pläne und Karten, sowie eine bemerkenswert umfangreiche Fotosammlung.
Der Zutritt zum Allerheiligsten ist den Archivaren vorbehalten, einem kompetenten Team, das nach ausführlicher und freundlicher Beratung des Besuchers hinter der schweren Sicherheitstür verschwindet und die gewünschten Unterlagen zusammenstellt. Frohes Forschen!

Adresse: Konrad-Adenauer-Platz 17; Bus 057, 061, Ⓗ: Girmesgath

Tipp: Dies ist eine reine Präsenzbibliothek, geforscht wird vor Ort, Ausleihen sind nicht möglich. Bücher, Urkunden, Pläne und Fotos sind an pfleglichen und sorgfältigen Umgang gewöhnt. Vor und hinter der großen Tür.

61___ Stadtgarten

Napoleon was geblasen

Für einen Friedhof sind 53 Jahre keine Zeit. Und wahrscheinlich schwebte auch den Stadtvätern eine längere Zeitspanne, wenn nicht sogar die Ewigkeit vor, als sie 1814 den ersten Friedhof vor den Toren der Stadt anlegen ließen. Die innerstädtischen Begräbnisstätten waren damals überfüllt und die Gefahr der Ausbreitung von Seuchen stieg mit der Bevölkerungszahl an.
Doch bereits 1867 erwies sich auch der neue Friedhof als zu klein und wurde geschlossen. Fünfzehn Jahre später wurden die Gräber aufgelassen, der Totenacker in einen Park verwandelt. Er bekam ein Kurhaus und einen Musikpavillon als Attraktionen zur Seite gestellt, 1895 kam ein Springbrunnen und ein Rosengarten dazu. Hier und da wurden einige Grabsteine an Ort und Stelle belassen. Sie stehen heute noch.
Betritt man den Stadtgarten durch das erhaltene alte Friedhofstor an der St.-Anton-Straße und wendet sich nach links, trifft man auf Krefelds ältestes Denkmal. Die Stirnwand ziert ein Adler, den Blick nach rechts gewendet, Blitze in den Fängen – eindeutig napoleonisch. Die verwitterte Inschrift darunter liefert den Beweis: „Zum Andenken an die aus Napoleons Armeen in die Heimath zurückgekehrten Krieger der Stadt und des Kreises Crefeld. Errichtet am 18. August 1852." Napoleon brauchte für seine Kriege jeden Mann und ließ überall rekrutieren, selbstverständlich auch in den von der Revolutionsarmee besetzten Gebieten. Krefeld lag damals in Frankreich, hieß „Arrondissement de Crévelt" und gehörte zum „Département de la Roer".
Den Krefelder Carl Schehl mußte niemand zwingen, er folgte dem Kaiser freiwillig. Vielleicht schritt er ihm auch voran, denn der erst 15jährige Knabe wurde als Trompeter in französische Dienste genommen. Bis Moskau ging er mit dem Korsen, das hat außer ihm nur ein Viertel der 400.000 Mann starken „Grande Armée" geschafft. Der Rückzug holte sich den Rest. Carl Schehl schaffte es hingegen zurück in die Heimat und 123 andere Crefelder mit ihm. Sie gaben sich das Versprechen, bis zum Tod füreinander einzustehen. Das Veteranen-Denkmal nennt Namen und Todesjahr und ist darüber selbst zum alten Kämpen geworden.

Adresse: St.-Anton-Straße Ecke Steinstraße; S-Bahn 042, Ⓗ: Stadtgarten

Tipp: Im Stadtgarten findet sich auch ein Denkmal für Carl Wilhelm, Komponist der überholt-heroischen „Wacht am Rhein".

62___ Der Wasserturm

Fallgesetze

Eine Million sechshunderttausend Liter Wasser. Das sollte erst mal reichen. Zumindest hatten sich die Krefelder Stadtväter das so gedacht, nachdem der erste Wasserturm an der Gutenbergstraße ans eigens für ihn gebaute Rohrsystem gegangen war. Die alten Brunnen hatten ausgedient. Sie waren über die Jahrhunderte ohnehin vom Segen zum Fluch mutiert. Meist viel zu nah an der Oberfläche angelegt, schöpften Wasserträger und Selbstversorger mit dem Brunnenwasser unter anderem auch die hochgiftigen Abwässer der Textilindustrie und vieles mehr in ihre Eimer – ausgerechnet an den Stadtbrunnen versorgte sich die rasant wachsende Bevölkerung mit verheerenden Seuchen wie Pocken oder Typhus.

1877 trat der erste Krefelder Wasserturm im typischen Backstein-Gewand der Gründerzeit seinen Dienst an. Aus einem dampfbetriebenen Wasserwerk an der nahen Kempener Allee wurden 1600 Kubikmeter Grundwasser 36 Meter hoch in seinen „Hut" gepumpt und dort in einem Flachbodenbehälter gespeichert, dessen solide Mauern in Bodenhöhe zwei Meter dick sind.

Für den anschließenden Fall des Wassers sorgte die Schwerkraft, die es auch in die Leitungen preßte. In der ersten Zeit wurden ausschließlich die Häuser innerhalb der Wälle versorgt, weiter reichte das funkelnagelneue Netz zunächst nicht. Zwei Jahre später sind 2050 Grundstücke erschlossen, 234 Badezimmer, 106 Pissoirs, 350 Klosetts, 57 Springbrunnen, 19 Feuerlöschleitungen mit 63 Feuerhähnen, 160 Schankwirtschaften, 30 Brauereien, 12 Weinhandlungen, 15 Färbereien, drei Schönfärbereien, zwei Selterwasser-Fabriken, eine Gerberei und 37 Appreturen mit dem städtischen Leitungssystem verbunden, das seinerzeit immerhin stattliche 50 km lang war.

1898 wurde dem Wasserturm ein Artgenosse zur Seite gestellt, ebenfalls ganz in Backstein mit einigen klassizistischen Schmuckelementen und einem Fassungsvermögen von fast 1900 Kubikmetern. Nummer 2 stand Nummer 1 in nichts nach, lag aber viel prominenter und weithin sichtbar an der südwestlichen Krefelder Stadtzufahrt. 1974 wendeten sich die Fallgesetze gegen ihn: er wurde zum Tod durch Sprengung verurteilt und fiel am 20.4.1974. Unverzeihlich.

Adresse: Gutenbergstraße; Bus 057, Ⓗ: Kaiser-Wilhelm-Park

Tipp: Kulturveranstaltungen des Niederrheinischen Literaturhauses, im Otto-Brües-Haus, dem ehemaligen Wohnhaus des Krefelder Schriftstellers.

63___ Die Weinbrennerei Dujardin

Alles beim Jungen

Henry Melcher, Uerdinger Branntweinbrenner in zweiter Generation, ließ 1810 seine Firma in den „code de commerce" eintragen – damals unterstand das Rheinland Napoleon – und erweiterte die Produktpalette um Cognac. Den Wein für die Herstellung der noblen Spirituose bezogen die Uerdinger Melchers bei der Winzerfamilie Dujardin aus der Charente. Die ertragreiche Zusammenarbeit führte zur Gründung von „Dujardin & Compagnie, vorm. Gebr. Melcher". Nach dem Tod des französischen Senior-Chefs wurde der Name in „Veuve Dujardin & Cie" geändert, ansonsten änderte sich bis 1919 nicht viel. Dann zogen die Versailler Verträge den Schlußstrich unter den Ersten Weltkrieg und sicherten außerdem mit der „Champagner-Klausel" den französischen Winzern die exklusive Nutzung der Bezeichnungen der landestypischen Alkoholika. Bei unveränderter Qualität mußte sich der Uerdinger Cognac der Edelkategorie „Fine Champagne" nun „Weinbrand" nennen.
1943 wurden die Uerdinger Produktionsstätten der größten deutschen Weinbrennerei vollkommen zerstört. Bis 1947 wurde mit gut versteckten Reserven überbrückt, dann der Brennbetrieb wieder aufgenommen. Ab 1954 löschte in Uerdingen jede zweite Woche ein eigenes Seeschiff 400.000 Liter Wein aus der Charente. „Darauf einen Dujardin" wurde der Trinkspruch des deutschen Wirtschaftswunders. In den 1970er Jahren setzte der Fusionierungswahn ein. Auch in Uerdingen lagerte man Verwaltung und Abfüllung aus, verpaßte Slogan und Image eine Verjüngungskur. Das wäre fast schief gegangen. Die altehrwürdigen Produktionsstätten am Rhein spielten nur noch eine Nebenrolle, wenn auch auf der Kinoleinwand, wie zum Beispiel im „Wunder von Bern". Auch die Rettung der Dujardin kam aus Hollywood: Regisseur und Computer-Fachmann Matthias Melcher kehrte aus Kalifornien zurück, wo er in der Traumfabrik unter anderem an „Titanic" mitgewirkt hatte. In achter Generation übernahm er die Dujardin und machte sich daran, das vor sich hindümpelnde Produktions-Flaggschiff auf Vordermann zu bringen. Die Markennamen „Dujardin Imperial", „Melchers Rat" und „Uerdinger" sind in Familienbesitz geblieben, „Uerdinger" wird weiterhin in Uerdingen gebrannt. Einige der weiten, alten Hallen wurden zu Lofts, andere zu Ausstellungsräumen, im Innenhof hat sich ein Biergarten etabliert, hinter der Backsteinfassade unter dem Tank mit dem berühmten Schriftzug wurde ein Restaurant eröffnet. Essen, Trinken, Musik, Kino, Kunst und jede Menge Fleiß.

Adresse: Dujardinstraße 1; S-Bahn 043, Ⓗ: Uerdingen Bahnhof

Tipp: Die Fassade der alten Müncker-Villa, nebenan.

64___ Wienges

Kesseltreiben

„In Krefeld hört man Tuscheln: bei Wienges gibt es Muscheln!" – Als dieser Spruch anfänglich die Runde machte, stellten die Brauer im „Brauereiausschank Wienges" an der Neusser Straße noch ein eigenes obergäriges Bier nach überliefertem Rezept her.
Als in den 1980er Jahren Produktionsstätten aus Innenstadtbereichen verbannt wurden, bedeutete das auch die Stillegung der Brauerei Wienges nach über 170jährigem Betrieb. Der Ausschank blieb, andere Biersorten übernahmen den Stammplatz des eigenen Gebräus, aber so richtig wie das echte „Wienges"-Obergärige wollte keins schmecken. Im Jahr 2000 verkaufte Margot Wienges nach dem Tod ihres Mannes Hartfried den Familienbetrieb, den sie seit ihrer Hochzeit 1962 gemeinsam geführt hatten und in dem Hartfried Wienges bis zum amtlichen Innenstadt-Produktionsstättenverbot an der Neusser Straße an den eigenen Kesseln dem Brauerei-Handwerk nachgegangen war.
Bereits drei Jahre später machte Margot Wienges ihre Entscheidung rückgängig und kaufte den alten Familiensitz zurück. Wienges war wieder in Wienges-Hand und die neue, alte Wirtin beschloß, bei ihren Leisten zu bleiben. Auf Experimente mit „modernen Gesamtkonzepten" verzichtete sie zu Gunsten von Tradition – und Gemütlichkeit! Nicht nur die Stammgäste haben es ihr gedankt.
Seit einigen Jahren wird am Tresen auch wieder das echte, obergärige „Wienges"-Bier gezapft: die Brauerei Frankenheim wurde auserkoren, es in ihren Kesseln nach dem Original-Rezept zu brauen. Margot Wienges war es ein Herzensanliegen, den Krefeldern wieder ein Bier nach Tradition ihrer Familie anzubieten, und dies war der einzige Weg, obwohl die Produktionsanlagen an der Neusser Straße noch komplett vorhanden sind – bis auf einige abgängige Braukessel. Die Gaststätte präsentiert sich weiterhin in traditionell rustikalem Gewand, außen und innen, und mit unverändert bodenständiger, deftiger Küche, deren Angebot sich nach den Jahreszeiten richtet. Im Herbst gibt's Muscheln.

Adresse: Neusser Str. 55; alle S-Bahnlinien, Ⓗ: Hauptbahnhof
Öffnungszeiten: Mo-Sa 10.30 – 24.00 Uhr, Küche durchgehend bis 22.00 Uhr

65___ Die Wirichs-Villa

Bier für Kuchen

Erst vor kurzer Zeit hat die US-Regierung hochgeheime Dokumente über die Verschickung eines Fasses Krefelder Bier in die Vereinigten Staaten freigegeben. Genaue Beschreibung des kniffligen Unternehmens: „A barrel of beer for the secretary from an old acquaintance", also ein Faß Bier für den US-Außenminister von einem alten Bekannten. Das Bier war obergäriges Gleumes, der Außenminister niemand anderes als Nobelpreisträger Henry Kissinger, der alte Bekannte Jochen Wirichs.
Heinz Alfred Kissinger war als 15-Jähriger mit seinen Eltern 1938 von Fürth in die Vereinigten Staaten geflohen, als der Vater wegen seines jüdischen Glaubens bereits seit fünf Jahren nicht mehr als Lehrer arbeiten durfte. Fünf Jahre später wurde er zur US-Armee eingezogen. Dort wird der sehr junge Kissinger bald als großes politisches Talent erkannt und im Rang eines Unteroffiziers als Übersetzer ins US-Hauptquartier nach Deutschland versetzt. Dort bringt ihn sein fließendes Deutsch zur militärischen Abwehrpolizei, dem „CIC". Kissingers überlegtes, korrektes und gerechtes Verhalten zeichnet ihn aus, obwohl er kaum 21 Jahre alt ist, als er im März 1945 nach Krefeld kommt. Als Militäradministrator setzt er in kürzester Frist eine Verwaltung ein, die die Stadt, deren jüdische Gemeinde zum Großteil von den Nazis ermordet worden war, unverzüglich mit Lebensmitteln versorgt.
Die Militärverwaltung hatte die Villa der alteingesessenen Krefelder Brauer-Familie Wirichs zu ihrem Sitz auserkoren und ließ sie räumen. Familie Wirichs zog in die Keller der Brauerei. Eins der sechs Kinder feierte an diesem Tag seinen achten Geburtstag. Es gab sogar einen Kuchen, der jedoch bei der Räumung des Hauses zum großen Kummer des Geburtstagskindes zurückgelassen werden mußte. Am nächsten Tag wurde man beim Leiter der Kommandatur vorstellig, erklärte die Situation und bat um Kuchenübergabe. Einer der Amerikaner, ein junger Mann mit Brille, erteilte die Erlaubnis – in fließendem Deutsch.
Die Wirichs-Villa im Mühlenfeld ist seit ihrer Erbauung 1925 äußerlich völlig erhalten geblieben und steht seit 2011 unter Denkmalschutz, als Beispiel für die damalige „Wohnkultur einer Unternehmersfamilie" und irgendwie auch als Denkmal für die Menschenfreundlichkeit eines jungen Amerikaners mit Brille und fränkischem Akzent.

Adresse: Mühlenfeld 19; Bus 060, 061, Ⓗ: Brauerei

Tipp: Am Fischelner „Altmühlenfeld“ steht noch ein Mühlenturm.

66___ Zum alten grünen Weg

Weißer Fleck

Einen „Grünen Weg“ sucht man in Krefeld vergebens, einen „Alten grünen Weg“ erst recht. Und trotzdem gibt es da diese Passage, die den Westwall mit der Hubertusstraße verbindet. „Zum alten grünen Weg“ ist ein schmales Anliegersträßchen. Die beiden überbauten Torbögen, die Einlaß in diesen wenig bekannten Schleichweg gewähren, werden sowohl von der Hubertusstraße als auch vom Westwall schnell übersehen. Auf einer Karte aus dem Jahr 1852 ist deutlich zu erkennen, daß die Stadt über den namenlosen Weg mit dem Kempener Pfad verbunden war. Zum 1843 erwähnten „Grünen Weg“, den letzten Metern der heutigen Lindenstraße, bestand jedoch nie eine Verbindung.

Wie auch immer er zu seinem Namen kam: der kleine Durchlaß ist eine beliebte Abkürzung und obendrein ein Stück Krefelder Innenstadt fast ohne Durchgangsverkehr. Autos gibt es auf dem Areal zwischen den Eingängen am Westwall 80 und der Hubertusstraße 83 zwar zur Genüge, aber sie sind nicht mehr als Übernachtungsgäste in den langen Reihen der Garagen links und rechts der Schotterwege, deren Zufahrt über die kleine Gasse führt. Die Farbe der betagten Holztore ist das einzige Grün auf dem Gelände, die Schilder darauf warnen in altertümlichen Amtsdeutsch: „Kraftwagenanlage – Rauchen, offenes Licht und Feuer polizeilich verboten!“ Zwischen den Unterstellplätzen ein einstöckiges Gebäude, an dessen Fenstern Aufkleber davon erzählen, daß sich hier einmal ein bekannter Krefelder Künstler niedergelassen hatte. Caco, der mit seiner erfreulich-erfolgreichen Baumpflanzaktion „3333“ für Stadtbegrünung sorgte und dafür 2009 mit dem Krefelder Stadtsiegel ausgezeichnet wurde, hatte „Zum alten grünen Weg“ einst zu seinem Domizil erkoren, ist aber zwischenzeitlich weitergezogen. Der Zustand des Gebäudes gibt Aufschluß über die Gründe seines Wegzugs, denn weder Ruhe und noch Charme der Lage verhindern konnten.

Ein paar alte Steine, die sich durch die neuzeitliche Betondecke ans Tageslicht zurückgekämpft haben, sind Indiz für das Pflaster darunter. Ohne Beton wäre dieser Durchgang fast ein bißchen malerisch. Einige Meter erhaltene Backsteinwände und eine längst außer Betrieb gestellte hölzerne Kranvorrichtung mit dazugehöriger Kette über einem großen Tor tun ihr Bestes, um wenigstens ein Stückchen Idyll zu bewahren. Und Schönheit liegt ohnehin im Auge des Betrachters.

Adresse: Westwall 80; S-Bahn: 041, Ⓗ: Westwall/Rathaus

Tipp: Der Wochenmarkt auf dem Westwall ist der größte in Krefeld und öffnet dienstags und freitags von 7.00 Uhr bis 13.00 Uhr.